AVENIDA BRASIL

BRASIL

Curso básico de Português para estrangeiros

De:

Emma Eberlein O.F. Lima

Lutz Rohrmann

Tokiko Ishihara

Cristián González Bergweiler

Samira Abirad Iunes

Projeto, coordenação e fotos

Lutz Rohrmann

Ilustrações

Ornaldo Fleitas

E.P.U. EDITORA PEDAGÓGICA E UNIVERSITÁRIA LTDA.

AVENIDA BRASIL

Curso básico de Português para estrangeiros

De:

Emma Eberlein O.F. Lima, professora de Português para estrangeiros em São Paulo.
Co-autora de: Falando Lendo Escrevendo Português — Um curso para estrangeiros (EPU);
Português Via Brasil — Curso avançado para estrangeiros (EPU); Inglês — Telecurso de
Segundo Grau (Fundação Roberto Marinho).
Diretora da Polyglot — Cursos de Português para estrangeiros em São Paulo.

Lutz Rohrmann, professor de Inglês e Alemão para estrangeiros.
Coordenador de projetos de livros didáticos. Co-autor de: Sprachbrücke Brasilien —
Curso de alemão para brasileiros (EPU); Ler faz a cabeça — Coletânea de textos de
leitura em Português para estrangeiros (EPU).

Tokiko Ishihara, professora do Departamento de Letras Modernas da Universidade de São
Paulo. Foi professora de Português no Centro de Lingüística Aplicada de Besançon.

Cristián González Bergweiler, professor de Português e Alemão para estrangeiros
Participação a partir da lição 5

Samira Abirad Iunes, professora do Departamento de Letras Modernas da Universidade de
São Paulo.
Co-autora de: Falando Lendo Escrevendo Português — Um curso para estrangeiros (EPU);
Português Via Brasil — Curso avançado para estrangeiros (EPU). Participação até Lição 5.

Agradecemos à Prof.ª Norma Hochgreb pela leitura crítica da parte de Fonética.

Projeto e coordenação
Lutz Rohrmann

Projeto visual
Ornaldo Fleitas, professor e ilustrador (ilustrações) e
Lutz Rohrmann (diagramação e fotografia).

Capa: Ornaldo Fleitas; fotos: Lutz e Sybille Rohrmann

6ª reimpressão

ISBN 85-12-**54700**-6

E. P. U. - **Telefone** (0xx11) 3849-6077 - **Fax.** (0xx11) 3845-5803
E-Mail: vendas@epu.com.br **Site na Internet:** http://www.epu.com.br
Rua Joaquim Floriano, 72 - 6º andar - conjunto 65/68
04534-000 São Paulo - SP

Impresso no Brasil   Printed in Brazil

Avenida Brasil destina-se a estrangeiros de qualquer nacionalidade, adolescentes e adultos que queiram aprender Português para poderem comunicar-se com os brasileiros e participar de sua vida cotidiana.

O método utilizado é essencialmente comunicativo, mas, em determinado passo da lição, as aquisições gramaticais são organizadas e explicitadas.

Optamos por um método, digamos, comunicativo-estrutural. Assim levamos o aluno, através de atividades ligadas a suas experiências pessoais, a envolver-se e a participar diretamente do processo de aprendizagem, enquanto lhe asseguramos a compreensão e o domínio, tão necessário ao aluno adulto, da estrutura da língua.

Sem dúvida, o objetivo maior de Avenida Brasil é levar o aluno a compreender e falar. Através do livro de exercícios, no entanto, sua competência escrita também é desenvolvida.

Avenida Brasil não se expande apenas a partir da mera seleção de intenções de fala e de estruturas. Ele vai além. Informações e considerações sobre o Brasil, sua gente e seus costumes permeiam todo o material, estimulando a reflexão intercultural.

Desse modo, enquanto adquire instrumentos para a comunicação, o aluno encontra, também, elementos para conhecer e compreender o Brasil e os brasileiros.

Os autores

Sumário

Temas	Comunicação	Gramática

Símbolos utilizados em **Avenida Brasil**

 diálogo/texto na fita

 escreva no livro

 escreva no caderno

 exercício de leitura

 exercício de audição

 trabalho com o dicionário

Bom-dia!

Boa-tarde!

Boa-noite!

A1 Como é seu nome?

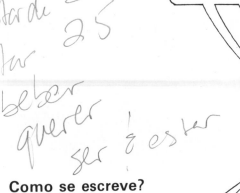

- Bom-dia.
- Bom-dia.
- Como é seu nome?
- Meu nome é Charles.

A2 Como se escreve?

- E como o senhor se chama?
- Eu me chamo Peter Watzlawik.
- Como?
- Peter Watzlawik.
- Como se escreve o seu sobrenome?
- W-A-T-Z-L-A-W-I-K. E a senhora, como se chama?
- ...

A3 O senhor é...?

- O senhor é americano?
- Sou sim. E a senhora, é alemã?
- Não, não sou, sou holandesa.
- ...

Nacionalidade	
americano	— americana
francês	— francesa
alemão	— alemã
canadense	— canadense

Sua nacionalidade:

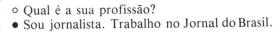

○ Qual é a sua profissão?
● Sou jornalista. Trabalho no Jornal do Brasil.
○ Onde o senhor mora?
● Moro na França, em Paris.

Profissão

o médico — a médica
o professor — a professora
o jornalista — a jornalista
o cozinheiro — a cozinheira
os arquitetos — as arquitetas

Sua profissão:

_____

B1 Verbo irregular *ser*

Eu	—— sou
*	
Você	
O senhor/A senhora	é
Ele/Ela	
Nós	—— somos
*	
Vocês	
Os senhores/As senhoras	são
Eles/Elas	

> * **tu** é usado em Portugal e em algumas regiões do Brasil.

> * **vós** não é usado em português moderno

Responda.

a) O que eles são? — *Eles são estudantes.* (estudantes)

b) O que ela é? — *Ela é secretária.* (secretária)

c) Qual é a sua profissão? — *Sou jornalista.* (jornalistas)

d) Vocês são jornalistas? — *Não, vocês são médicos.* (médicos)

e) Os senhores são franceses? — *Não, os senhores são franceses.* (italianos)
   não
   Eles são italianos

f) O que você é? — *Eu sou alemã.* (alemão)

B2 Verbos regulares em — *ar*

trabalhar

Eu	—— trabalho
Você	
O senhor/A senhora	trabalha
Ele/Ela	
Nós	——trabalhamos
Vocês	
Os senhores/As senhoras	trabalham
Eles/Elas	

Outros verbos em — *ar:*
chamar-se
completar
estudar
falar
morar
perguntar
começar

Complete com os verbos *falar, trabalhar, morar, chamar-se.*

Ela *se chama* Mônica Ribeiro.

mora em Belo Horizonte.

Trabalha na Fiat.

Não, não fala inglês.

Eles _São_ Gilberto e Maria.

Moram em Belém.

_____ no hotel Sagres.

_____ francês e alemão.

Eu me _____

_____

_____

_____

Onde? — no, na, nos, nas, em B3

no Brasil `país`	em Lima `cidade`	no restaurante `lugar`
no Japão	em Caracas	no jornal
no Senegal	em Atenas	no hotel
no Peru	em Liverpool	no hospital
na França	em Manaus	na biblioteca
na Alemanha		na escola
na Argentina		na farmácia
nos Estados Unidos	no Rio de Janeiro	

Observe as ilustrações e escolha o país, a cidade ou o lugar correspondente.

Onde o sr. Honda mora?

_____

Onde elas moram?

_____

Onde a dra. Amélia trabalha?

_____

Onde você mora e trabalha?

_____

_____

C Comandos utilizados no livro

1. Leia estes comandos.

Complete.

Complete o diálogo.

Ouça.

Identifique.

Responda.

Organize o diálogo.

Preencha... *fill in*

Corrija.

Faça a pergunta.

Leia.

Marque...

Relacione.

e = [ee]
ê = ê

2. Agora escolha o comando adequado e faça os exercícios.

a) Comando: *Complete.*

João _____ *é* _____ médico.

Ele _____ *trabalha* _____ no Hospital Geral.

Ele _____ *fala* _____ francês e inglês.

Marta trabalha com João.

Ela _____ *é* _____ enfermeira. — *nurse*

Ela _____ *fala* _____ inglês e alemão.

Eles _____ *são* _____ artistas.

Eles _____ *cantam* _____ na televisão.

Eles _____ no Rio.

Eles _____ português e inglês.

b) Comando: _____

Como é seu nome?

_____

Você é americano/americana?

_____

Qual é a sua profissão?

_____

c) Comando: _____

**Você entrevista seu professor/
sua professora.**

o _____ ?
● Eu me chamo...

o _____ ?
● Eu sou professor(a) de Português.

o _____ ?
● Sou sim./Não. Eu sou...

o _____ ?
● Eu moro em...

d) Comando: _____

o artista   a escola
o médico   o Banco do Brasil
o professor   o filme
o jornalista   o Shopping Center
o motorista   o turismo
o bancário   o carro
o comerciante   o hospital
o hoteleiro   o jornal

Gente   **D1**

GENTE

Por onde passaram na semana passada, em seu périplo pelo Rio de Janeiro, São Paulo e Brasília, o cineasta polonês **Roman Polanski**, 55 anos, e sua mulher, a atriz **Emmanuelle Seigner**, de 22, chamaram a atenção. Polanski veio ao Brasil para divulgar seu último filme, *Busca Frenética*, que tem Emmanuelle como atriz principal. Foi em Brasília que os artistas causaram maior furor — e conseguiram irritar os diplomatas que servem o Itamaraty. Convidados a participar de uma sessão especial do filme, Polanski e Emmanuelle destoaram dos espectadores com sua simplicidade no vestir.

1. **Leia o texto, observe a foto e relacione.**

Polanski   22

Emmanuelle Seigner

55

filme

atriz   cineasta

Busca Frenética

2. **Como se fala em sua língua?**

a) atriz principal
b) cineasta polonês
c) último filme

13

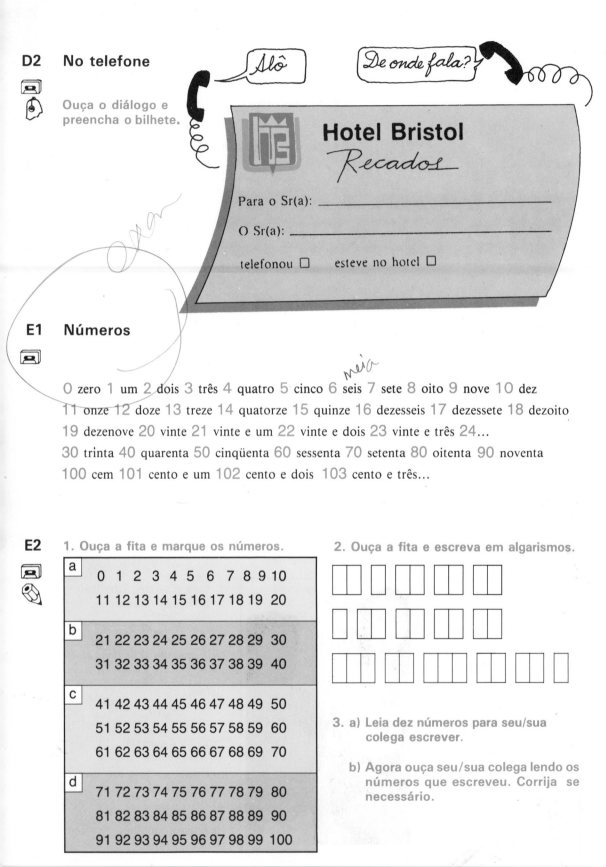

D2 No telefone

Alô

De onde fala?

Ouça o diálogo e preencha o bilhete.

Hotel Bristol

Recados

Para o Sr(a): _____

O Sr(a): _____

telefonou ☐   esteve no hotel ☐

E1 Números

0 zero 1 um 2 dois 3 três 4 quatro 5 cinco 6 seis 7 sete 8 oito 9 nove 10 dez
11 onze 12 doze 13 treze 14 quatorze 15 quinze 16 dezesseis 17 dezessete 18 dezoito
19 dezenove 20 vinte 21 vinte e um 22 vinte e dois 23 vinte e três 24...
30 trinta 40 quarenta 50 cinqüenta 60 sessenta 70 setenta 80 oitenta 90 noventa
100 cem 101 cento e um 102 cento e dois 103 cento e três...

meia

E2

1. Ouça a fita e marque os números.

a
| 0 1 2 3 4 5 6 7 8 9 10 |
| 11 12 13 14 15 16 17 18 19 20 |

b
| 21 22 23 24 25 26 27 28 29 30 |
| 31 32 33 34 35 36 37 38 39 40 |

c
| 41 42 43 44 45 46 47 48 49 50 |
| 51 52 53 54 55 56 57 58 59 60 |
| 61 62 63 64 65 66 67 68 69 70 |

d
| 71 72 73 74 75 76 77 78 79 80 |
| 81 82 83 84 85 86 87 88 89 90 |
| 91 92 93 94 95 96 97 98 99 100 |

2. Ouça a fita e escreva em algarismos.

3. a) Leia dez números para seu/sua colega escrever.

b) Agora ouça seu/sua colega lendo os números que escreveu. Corrija se necessário.

14

Este é meu colega A1

○ Como vai?
● Vou bem, obrigada. E você?
○ Bem, obrigado. Este é meu colega Carlos.
● Muito prazer.
○○ Prazer.

○ Oi, João, tudo bem?
● Tudo bem.
○ Esta é minha irmã.
● Oi.
○○ Oi.

Este é o meu marido.
Este é o meu amigo Pedro.
Esta é a minha mulher.
Esta é a minha amiga Eliana.

Muito prazer!
Prazer!

Oi!

Vamos... A2

○ Vou almoçar no "Tropei-
ro." Você vai também?
● Vou. Quando?
○ Amanhã, ao meio-dia.
● Tudo bem.

atividades	
ir ao cinema	almoçar _lunch_
teatro	jantar _dinner_
concerto	tomar cafezinho
jogo de futebol	_to take a coffee get_

○ Vamos ao cinema?
● Quando?
○ Hoje de noite.
● Hoje, não posso.
○ Então vamos na quinta.
● Ótimo.

a-chee-mu

sessta

dias da semana			períodos do dia
segunda-feira _Monday_			de manhã
terça-feira			
quarta-feira			ao meio-dia
quinta-feira	hoje		
sexta-feira	amanhã		de/à tarde
sábado			
domingo			de/à noite

A3 Que horas são?

- ○ Que horas são?
- ● Oito e quinze.
- ○ Já? Estou atrasado!

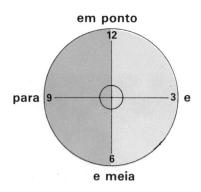

em ponto

para | 9 — 3 | e

e meia

Estou atrasado *late*
Estou adiantado *early*

1. Relacione.

É uma e vinte. _____
É uma e meia.
São dez para o meio-dia.
São vinte para as dez.
São quinze para a uma.

2. Trabalhem com seus relógios e perguntem as horas.

A4 A que horas?

- ○ Vamos tomar um cafezinho?
- ● A que horas?
- ○ As duas e meia.
- ● Tudo bem.

A5 Você pode...?

- ○ Você pode ir ao banco?
- ● A que horas?
- ○ Às quatro.
- ● Não posso. Tenho aula de Português das três e meia às quatro e meia.

Preencha sua agenda e fale com seus/suas colegas.

segunda	quinta
terça	sexta *Trabalho um estudio vou cib*
quarta	sábado
	domingo

atividades
dentista/ aula de .../ cinema/ reunião/ trabalhar/ banco/

A sexta-feira trabalho no estudio à uma e meia é por oito horas.

Aula de portug

masculino singular	Este	é	o meu o nosso	amigo irmão colega
feminino singular	Esta	é	a minha a nossa	amiga irmã colega
masculino plural	Estes	são	os meus os nossos	amigos irmãos colegas
feminino plural	Estas	são	as minhas as nossas	amigas irmãs colegas

1. Complete.

meu/nosso amigo   minha/nossa amiga   minhas/nossas amigas

meu/nosso médico   minha/nossa médica   meus/nossos irmãos

meu/nosso chefe   minha/nossa chefe   minhas/nossas professoras

meu/nosso marido   minha/nossa mulher   minhas/nossas colegas

meus/nossos

2. Faça frases.

Este é meu caderno   Esta é minha borracha
Este é meu lápis   Estas são nossas canetas

Exemplo: Este é o nosso professor. Esta é a minha borracha.

Estes são meus óculos.   Esta è sua bolsa   Este è meu relógio

professora/ amigas/ colega/ mulher/ marido/ chefe/ ex-maridos/ dentista...

o caderno

o lápis

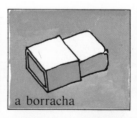
a borracha

as canetas

os óculos

a bolsa

B2 Verbo irregular *ir*

Eu	—	vou
Você Ele/Ela	>	vai
Nós	—	vamos
Vocês Eles/Elas	>	vão

Complete.

Eu _____ ao jogo de futebol hoje.

Nós_____ ao teatro sexta-feira.

Vocês_____ ao clube amanhã?

Ela _____ à escola de segunda a sexta.

B3 Futuro imediato

ir	+	infinitivo	
↓		↓	
Vou		almoçar	ao meio-dia

Combine os elementos e faça frases com o verbo *ir*.

Exemplo: Eu vou viajar no domingo.

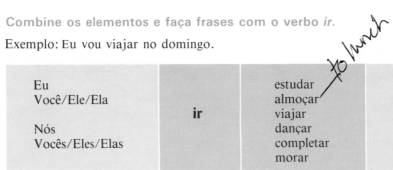

Eu Você/Ele/Ela	**ir**	estudar almoçar viajar	ao restaurante Português no domingo
Nós Vocês/Eles/Elas		dançar completar morar	em Recife o exercício com Marcia

B4 Verbos irregulares *poder, ter*

	poder	ter
Eu	– posso	– tenho
Ele, Ela Você	> pode	> tem
Nós	– podemos	– temos
Vocês Eles, Elas	> podem	> têm

não ter tempo
ter muito trabalho
não ter carro
não ter dinheiro
ter programa

Fale com seu/sua colega.

Exemplo:
o Você pode almoçar ao meio-dia?
• Não posso. Não tenho tempo.

* Você pode ir ao banco às duas e meia?
* Podemos jantar juntos amanhã?
* Eles podem ir ao cinema?
* Vocês podem trabalhar no domingo?
* Posso falar com o senhor amanhã?
* A senhora pode telefonar hoje à tarde?
* Ela pode comprar este carro?

o Oi Clarice, como vai?

• Bem. O que você vai fazer agora?

o Vou almoçar, já é meio-dia e meia.

• Eu também vou. Oi, Marina.

oo Oi, Clarice. Oi, Beatriz.

• Vamos almoçar, Marina?

oo Que pena, não posso. Tenho reunião à uma hora.

• Então, bom trabalho.

Converse com seus/suas colegas.

O que você vai...?

Vou...
cinema/jantar/
tomar cafezinho/trabalhar/...

+ Eu...

_____

— Que pena...

earler

cedo — 6am - 8 am
tarde late 10am - noon

não posso =
não tenho tempo =
não estou livre *I am free*

Convite para um fim-de-semana C2

o Este fim de semana estou livre.
   Podemos ir à praia sexta-feira de tarde.

• Eu só estou livre no sábado de manhã.

o Então, vamos sair no sábado cedinho, assim chegamos bem cedo também.

fim-de-semana
sexta-feira
sábado
domingo

de manhã
de tarde
de noite
bem cedo

(não) estar livre → *free*
(não) poder

Faça diálogos usando os elementos abaixo.

ir ao clube

ir à praia

ir ao Rio

ir ao shopping

fazer piquenique

trabalhar

viajar para...

CINEMA
Centro

AMÉRICA (av. Rio Branco, 49, tel. 220-4584). Cárcere das Prisioneiras do Sexo. Desde 9h. 18a. Ingresso: Cr$ 300,00.

APOLO (ex Atlas) (pça. Julio Mesquita 33, tel. 220-5370). Aracnofobia. Desde 13h. Livre. Ingresso: Cr$ 400,00.

ARCADES (av. Ipiranga, 808, tel. 223-9805). Garantia de Morte. Desde 10h. 10a. Ingresso: Cr$ 400,00.

AROUCHE A (lgo. do Arouche, 426, tel. 221-7678). Cyrano de Bergerac. 14h, 16h30, 19h e 21h30. Livre. Ingresso: Cr$ 500,00.

AROUCHE B (lgo. do Arouche, 426, tel. 221-7678). Avalon. 14h, 16h30, 19h e 21h30. Livre. Ingresso: Cr$ 500,00.

ART PALÁCIO/sala São João (av. São João, 419, tel. 223-2553). As Gatas do Sexo / Mariza, a Menina Gulosa. Desde 9h30. 18a. Ingresso: Cr$ 300,00.

TEATRO

A REVOLUÇÃO DAS MULHERES
De Aristófanes (445-386 a.C.). Montagem do grupo Galpão. Direção: Eduardo Razuk. Com Rosana Abdo, Sergio Cammargo, Arlete Sbrighi e outros. O texto do comediógrafo grego relata as mudanças na estrutura social de Atenas com a tomada do poder pelas mulheres.

Sexta e sábado às 21h; domingo às 20h, no teatro Alfredo Mesquita (219 lugares).

Organize seu programa de 6.ª feira.
Depois, explique seu programa para seus/suas colegas.

SEXTA		
8:00	*jantar* vamos para restaurante	
10:00	Bratwursthaus	
12:00	vamos	
14:00	vamos	
16:00		
18:00		
20:00	vamos beber ao Kilt	
22:00		
24:00	vamos dançar ao Star Dust	

1. Ouça os três diálogos e indique a seqüência.

2. Ouça cada um dos diálogos novamente. Depois responda:

Secretária eletrônica

C E

a) Alberto tem mesa reservada no Studio 3.
b) Márcia não pode jantar
com Alberto.
c) Alberto vai telefonar para Márcia à noite.
d) Alberto pode jantar no
Studio 3 amanhã.

Teatro Municipal

C E

a) O concerto começa às 6.
b) Você pode comprar a entrada na hora do concerto.
c) O concerto é amanhã.
d) Não há mais entradas
para o concerto.

Dentista

C E

a) Ele é dentista.

b) Ele só tem tempo no sábado para ir ao dentista.

c) O dentista só trabalha no
sábado.

Comunicação na sala de aula   E

Leia estas frases
da comunicação
em aula.

Soletrar - to spell

Spell

aluno

Não entendi.
Mais alto, por favor,
Pode repetir, por favor?
O que está escrito...?
Como se escreve...?
Em que página?
Soletre, por favor.
Como se fala... em
português?
Estou perdido.
Tudo bem.
Repita, por favor.
Escreva a frase na lousa,
por favor.

professor

Está claro?
Leia/Fale mais alto, por favor.
Entenderam?
Quem não entendeu?
Posso/Podemos continuar?
Faça o exercício... do livro de
exercícios em casa, por favor.
Alguma dúvida?
Trabalhem em pares, por favor.

Lição 3

A1 Mesa para quantas pessoas?

- o Mesa para quantas pessoas?
- • Para duas. Quanto tempo vamos esperar?
- o Uns 20 minutos mais ou menos.
- • Tudo bem.

A2 Vamos tomar um aperitivo?

- o Vamos tomar um aperitivo antes do almoço?
- • Vamos.
- o Você gosta de caipirinha?
- • Gosto.
- o Garçon, duas caipirinhas de pinga, por favor!

APERITIVOS
Caipirinha

BATIDAS

Maracujá
Coco
Carambola
Pêssego

SUCOS
Abacate
Abacaxi
Maracujá
Laranja
Melão
Goiaba

- o Sua mesa está livre agora, senhor,
- • Obrigado.

O cardápio, por favor!

Portugal (Cardápio)

ENTRADAS

Salada de palmito e ervilhas
Salada mista (alface e tomate)
Canja, Sopa de tomate, Creme de aspargos

CARNES

Filé grelhado com legumes
Bife a cavalo com arroz
Lombo assado
Espeto misto

AVES

Frango a passarinho (alho e óleo)
Frango ensopado com batatas

PEIXES

Peixe à brasileira
Filé de peixe frito com molho de camarão   *shrimp*

MASSAS

Spaghetti ao sugo
Tagliarini à bolonhesa
Lasanha gratinada

GUARNIÇÕES

Arroz, batata frita, farofa   *Carrot*
Legumes (brócoles, cenoura, vagem,   *green beans*
couve-flor)

SOBREMESAS

Pudim de caramelo,
Sorvetes, Frutas da estação   *in season*

Serviço não incluído!

BEBIDAS

Cervejas   Vinhos nacionais
Refrigerantes   e estrangeiros
Água mineral   (brancos e tintos)

○ O que a senhora vai pedir?
● Eu quero um filé grelhado com legumes.
○ Malpassado ou bem passado?
● Ao ponto.
○ E o senhor?
●● Eu quero um espeto misto.
○ E o que mais?
●● Salada mista, farofa e batata frita para dois.
○ E para beber?
●● Uma cerveja bem gelada.
● Para mim uma água mineral com gás

O que a senhora vai pedir?   A3

A conta, por favor!

A4 Na lanchonete

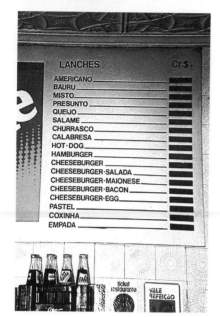

○ Você está com fome?
● Não. Mas estou com sede.
○ O que você vai pedir?
● Um suco de laranja bem grande.
○ Você não quer um sanduíche?
● Não, sanduíche não. Só suco de laranja.
○ Garçon, um suco de laranja grande, um suco de maracujá e um bauru.

A5 Queremos convidar vocês...

○ Primeiro, um aperitivo, uma caipirinha.
Depois o almoço: uma salada bem gostosa, arroz, feijão, pernil e farofa.
Frutas e doces na sobremesa. E um bom cafezinho. Vocês vão gostar.
● A que horas vai ser?
○ Ao meio-dia.

Converse com seu/sua colega e convide para um almoço/jantar de seu país.

Cláudia, este é o seu livro?
Mercedes, esta é a sua casa?
Estes são seus amigos alemães?
Estas são suas fotos?

	Singular	**Plural**
masculino	seu	seus
feminino	sua	suas

3

1. Preencha as lacunas.

Você sempre almoça com _____ irmã no domingo?

_____ amigos são brasileiros?

Marcos, como se chamam _____ amigas?

Onde mora _____ professor?

2. Faça frases com: *meu, seu, nosso, ...*

> *Eu convido minhas amigas para o jantar.*

Eu convido	... filhos	malpassado
Você quer	... amigas	antes do jantar
Eu bebo caipirinha com	... filé	bem doce
Vocês gostam do	... cafezinho	para jantar
Nós queremos convidar	... colega	no próximo sábado

1. Preencha as lacunas com *gostar de.*

Ele _____ _____ falar português.

Nós _____ . _____ morar aqui.

Eu _____ _____ tomar um aperitivo antes do jantar

Elas não _____ _____ comer muito de manhã.

2. Faça perguntas com o verbo *gostar de* + artigo.

de + o	⇒	do
de + a	⇒	da
de + os	⇒	dos
de + as	⇒	das

Exemplo: o seu trabalho (você).
Você gosta do seu trabalho?

* museus de arte (vocês)?
* minha amiga (ele)
* os seus novos colegas (vocês)?
* a sua nova casa (você)?
* feijoada no sábado (eles)

3. Fale com suas/seus colegas.

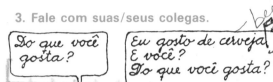

* E seus filhos do que eles ...? Eles .....
* E sua mulher ...?
* E seu marido ...?
* E sua amiga ...?
* ...

comer carne, doces, frutas tropicais,
pudim, feijão, batatas fritas, massas,
suco de laranja, batida de coco

B3   Verbo irregular *estar*

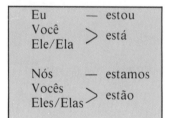

Eu	— estou
Você	> está
Ele/Ela	
Nós	— estamos
Vocês	> estão
Eles/Elas	

Nós estamos com fome.

1. Faça frases.

eu		na escola
você		na universidade
ele		no escritório
ela	estar	no médico
nós		em Londres
vocês		livre hoje à noite
eles		com fome
elas		com sede

2. Complete o texto.

Minha família não está em casa.

Eu _____ na escola, meu marido

_____ na praia, com uma amiga.

Minha filha e dois amigos_____

no clube. Eu não sei onde_____

meu filho. Mas nós sempre _____

em casa no domingo para o almoço.

26

beber

Eu	—	bebo
Você		
Ele/Ela	>	bebe
Nós	—	bebemos
Vocês		
Eles/Elas	>	bebem

Outros verbos em -er

to eat

comer
oferecer — *to give*
escrever
aprender
correr — *to run*

Complete

Bêbados

Eu ___bebo___

porque ela _____

Nós _____

porque eles _____

Corrida

Eu corro porque …

Nós …

Cartas

Eu não escrevo porque …

Eles …

---

querer

Eu	—	quero
Você		
Ele/Ela	>	quer
Nós	—	queremos
Vocês		
Eles/Elas	>	querem

1. Complete.

Eu _____ ir ao restaurante mas ele não

_____ . Nossos filhos _____ comer

hamburguer mas nós não _____ .

after class

2. O que você quer fazer depois da aula/ no fim-de-semana/ nas férias/ …? Pergunte também para seus/suas colegas e relate para a classe.

> Quero ir para casa.

> No fim-de-semana Paul e Raquel querem viajar.

Now

Ela é professora.
Agora ela
está na classe.

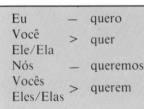

Faça frases.

Exemplo: Norma é brasileira.
Ela está na França para estudar.

Luigi	americano	no Brasil	para visitar amigos
João	japonesa	no Japão	trabalhar
Norma	alemão	na França	as férias
Walter	ingleses	…	estudar
Charles e Diana	brasileira	na escola	visitar o presidente
Tokiko	francês		aprender português
François	brasileiro	em Fortaleza	…
Eu/Nós…	italiano	…	

3

27

C Observe as situações e imagine os diálogos.

O vegetariano

Você quer levar seu (sua) amigo(a) para almoçar. Você está com muita fome e gosta de pratos italianos. Seu (sua) amigo(a) come pouco e é vegetariano.

Não posso

Você convida um(a) colega para um almoço de negócios, na quinta-feira ao meio-dia e meia. Ele (Ela) é muito ocupado(a). Vocês mudam o dia, a hora e marcam um almoço.

A espera

Você chega muito cedo ao restaurante. Seu (Sua) amigo(a) só vai chegar dentro de meia hora. Você conversa com o garçon e pede um aperitivo, uma mesa para dois etc.

D1 **Carne e peixe**

1. Você vai ouvir dois diálogos. Depois de ouvi-los, marque com um x.

No diálogo 1, o freguês está
- ☐ contente.
- ☐ descontente.

No diálogo 2, o freguês está
- ☐ contente.
- ☐ descontente.

No diálogo 1, o freguês come
- ☐ carne.
- ☐ peixe.

No diálogo 2, eles comem
- ☐ carne.
- ☐ peixe.

2. Ouça o diálogo 1 novamente e responda.

O churrasco está
- ☐ bem passado.
- ☐ malpassado, mas gostoso.
- ☐ malpassado.
- ☐ ao ponto.

3. Ouça o diálogo 2 novamente e responda.

O restaurante
- ☐ serve almoço e jantar.
- ☐ tem peixe como especialidade.
- ☐ só serve peixe.

D2 **Feijoada**

1. Aqui estão 3 títulos para o anúncio na página 29. Qual é o correto?

Feijoada em casa? Só a feijoada do Disque-Feijoada.

Quer comer feijoada com seus amigos? Reserve uma mesa no Disque-Feijoada!

Feijoada de domingo a domingo, só no Disque-Feijoada!

Você quer oferecer uma boa feijoada aos seus amigos?
É só ligar para Disque-Feijoada, pedir uma feijoada completa e aguardar.
Em 30 minutos, você vai ter sua feijoada em casa.
Sem trabalho, sem dor-de-cabeça.
Convide seus amigos e ofereça a eles a feijoada completa do Disque-Feijoada.
Você vai gostar! E eles também!
Às 4ªs. e sábados, das 11 às 3 da tarde. Fone: 719-3500.

Fone: 719-3500

2. O anúncio diz que:

- ☐ o Disque-Feijoada trabalha à noite.
- ☐ o Disque-Feijoada leva a feijoada à sua casa.
- ☐ você pode oferecer uma feijoada completa a seus amigos sem muito trabalho.
- ☐ você pode comprar a feijoada na 6ª feira.

Almoço e jantar   E1

Trabalhe com o cardápio da página 23.

Almoçando
a) Hoje está quente e você está com pressa. O que você vai pedir?
b) Hoje está muito frio e você está com muita fome. O que você vai pedir?

Jantando
a) Você não quer um jantar com muitas calorias. O que você vai pedir?
b) É dia de seu aniversário. Você quer um jantar especial. O que você vai pedir?

A mesa   E2

talheres:

o garfo → ← o copo
a colher de sopa → ← o prato
a colher de sobremesa → ← o guardanapo
a faca → ← a toalha

o bule → ← o açucareiro
a xicrinha → ← a colherinha
a colher de chá → ← a xícara

Lição 4

A1 Quero fazer uma reserva

- o Hotel Deville Colonial, às suas ordens.
- • Quero fazer uma reserva. Um apartamento duplo.
- o Para quando?
- • Para dia 10 de novembro.
- o Quantos dias o senhor vai ficar?
- • 3 dias.
- o Seu nome, por favor?
- • Richard Bates.
- o Está reservado, Sr. Bates. Um apartamento para duas pessoas. Entrada no dia 10 de novembro e saída no dia 13 de novembro.
- • Certo.

H ★★★★

HOTEL DEVILLE COLONIAL

Rua Comendador Araujo, 99
80000 – Curitiba – PR
Tel.: (041) 222-4777
Telex. 41-5894

Localização:
Centro. Próximo à Praça Osório e à Cia. Telefônica.
Acomodações:
79 apartamentos

Serviços no Apartamento:
Telefone. geladeira, televisão, ar-condicionado, aquecimento central, calefação, música ambiente, videocassete.

Serviços do Hotel:
Restaurante, bar, coffee shop, salão de convenções (210), estacionamento, manobrista, cofre.

Taxa de serviço (10%) incluída na nota.
Aceita cartão de crédito.

Reserva

Nome _____

Entrada _____

Saída _____

Tipo de apto. _____

A2 Prefiro um apartamento de fundo

- o Pois não? = Sim.
- • Boa-tarde. Quero um apartamento simples.
- o Com ou sem televisão?
- • Com televisão. De quanto é a diária?
- o Aqui estão nossos preços. Os apartamentos de frente são mais caros.
- • Prefiro um apartamento de fundo. Não gosto do barulho da rua.
- o Muito bem. Um documento, por favor.
- • Meu passaporte.
- o Obrigada. João, esta senhora vai ficar no 315. Leve a bagagem dela para cima.

Quero	apartamento simples	com televisão
	duplo	com frigobar
		com ar condicionado
Prefiro	suíte	de frente
	suíte especial	de fundo

○ Pois não?
● Queria mudar de quarto.
○ Algum problema?
● É que o chuveiro não está funcionando e o quarto tem *smell of mold* cheiro de mofo.
○ Não tem problema. A senhora pode mudar para o 308

4

noisy rua barulhenta elevador ao lado é muito barulhento		cama	muito dura
ar condicionado chuveiro telefone televisão	não está funcionando	quarto	muito escuro muito pequeno abafado com cheiro de mofo

○ Eu gostaria de conhecer a cidade. O que o senhor pode me recomendar?
● Por que a senhora não vai visitar o Museu Paranaense?
○ A que horas abre?
● Acho que às 9.
○ É perto?
● Não muito. A senhora precisa tomar um táxi ou um ônibus.
○ Mas eu quero andar a pé. Acho que não vou visitar o museu hoje. Talvez amanhã.
● Então, por que a senhora não vai ao Passeio Público? Fica perto daqui.

> **Atividades em Curitiba**
>
> Parque do Barigüi
> Bosque João Paulo II
> Museu Paranaense
> Museu do Imigrante

ficar longe ficar perto	ficar a 5 km (de...)	tomar andar de ir de	ônibus táxi carro	andar a pé ir a pé

Vista parcial de Curitiba

Primeiro, conheça a capital

Fundada em 1693, Curitiba é uma grande cidade, com infra-estrutura de hotéis e restaurantes, aeroportos, locadoras, agências de turismo, bares, boates, casas de chá, museus, parques, antiquários e shoppings, que vão tornar sua visita muito agradável.

Você pode começar a visitar Curitiba pelo setor histórico, cujas construções são do século XVIII e XIX, e fazem do local um museu ao ar livre: a Casa Romário Martins, última construção colonial da cidade.

A5 Siga em frente...

○ Uma informação, por favor.
● Pois não.
○ Onde é a Rodoviária?
● Siga em frente até o primeiro sinal. Depois vire à direita. A Rodoviária fica à esquerda.

○ Por favor, onde é o Correio?
● Não sei.. Eu não sou daqui.

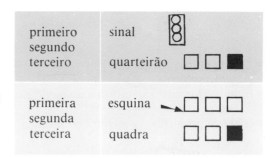

primeiro segundo terceiro	sinal quarteirão

primeira segunda terceira	esquina quadra

Você está na padaria indicada na planta. Pergunte à/ao sua/seu colega onde fica: o largo de Nossa Senhora do Bom Parto, o colégio, a doceria,...

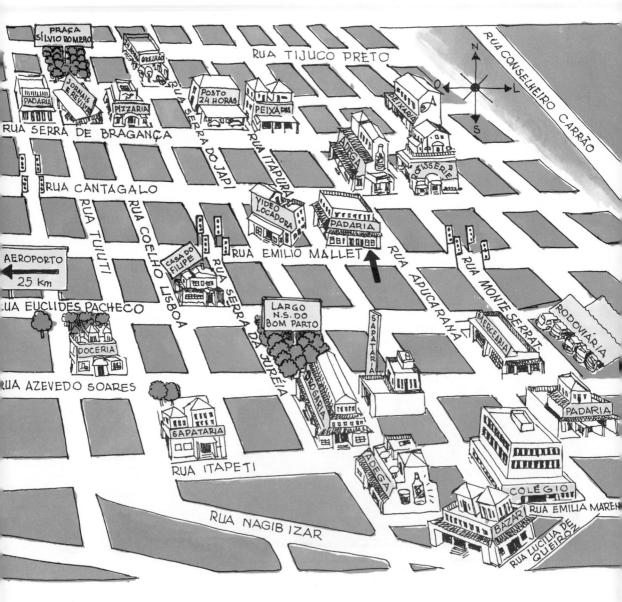

1. Leia o exemplo e faça o mesmo.

○ Quando eu vou ao Rio, fico no hotel Debret.
● Quanto tempo você vai ficar?
○ Vou ficar 5 dias.

● Quando ele viaja para Europa, ele fica em Paris.
○ Quanto tempo _____?
● Ele _____

○ Quando estamos em férias, ficamos com nossos pais.
● Quanto _____?
○ Nós _____

Eu/ estar em férias/ ficar na praia
Nós/ ir ao clube/ ficar na piscina
Eles/ visitar Belém/ ficar com amigos
Ela/ viajar para o Brasil/ ficar na Amazônia

2. E você? **Você vai viajar? Para onde? Quanto tempo você vai ficar?**

Pronomes possessivos: *dele, dela, deles, delas* B2

A casa do José A casa dele Sua casa.

A casa do José e da Marta A casa deles Sua casa.

Os filhos da Marta Os filhos dela Seus filhos.

Os filhos da Marta e da Maria Os filhos delas Seus filhos.

1. Fale sobre estas pessoas.

Carlos (45), São Paulo engenheiro apartamento/bonito carro/grande namorada/estudante vida/boa	Célia (27), Salvador secretária apartamento/pequeno salário/baixo mãe/empregada doméstica filhos/pequenos vida/difícil	Pedro (40) & Silvia (40), Aracaju arquitetos casa/perto da praia escritório/no centro de Aracaju filhos/estudantes/ vida/boa

Exemplo: Carlos é engenheiro.
  O apartamento dele é bonito.
  Seu apartamento é bonito.

2. Fale com seu/sua colega.

3. Fale sobre seu/sua colega.

Mário é casado, a família dele é pequena. Ele tem um filho. O trabalho dele é difícil.

B3 Comparação com *mais*

Os apartamentos de frente para o mar ...
Os escritórios de frente para a praça ...
Os quartos de fundo ...
As salas de ....
As casas de ....
...

Exemplo: Os apartamentos de frente para a avenida são mais claros, mas também mais barulhentos.

mais caro
mais barato
mais barulhento
mais tranqüilo
mais claro
mais escuro
mais frio
mais quente

B4 Verbos regulares em *-ir*

abrir

Eu	— abro
Você	> abre
Ele/Ela	
Nós	— abrimos
Vocês	> abrem
Eles/Elas	

Outros verbos em *-ir*

partir	desistir
discutir	decidir
assistir	permitir
dividir	proibir

Faça frases.

Eu		a loja às 9 horas.
A bilheteria do teatro		às 6 horas.
As lojas	abrir	às 8 e meia.
Nós		a correspondência.
Eles		a porta do carro.

34

	fazer	preferir
Eu	— faço	— prefiro
Você Ele/Ela	> faz	> prefere
Nós	— fazemos	— preferimos
Vocês Eles/Elas	> fazem	> preferem

preferências

4

1. Quem faz o quê?

Eu O professor A agência Nós As crianças	fazer	ginástica. cooper. reservas do hotel. muito barulho. muitos exercícios.

2. O que você prefere?

Exemplo: Você — esta sala ◄──► outra sala (mais clara)

    o Você prefere esta sala?

    ● Não, prefiro a outra. É que ela é mais clara.

Vocês — hotel grande? ◄──► hotel pequeno (mais barato)
O senhor — quarto na frente? ◄──► quarto de fundo (mais tranqüilo)
Ela — viajar de avião? ◄──► de carro (não gostar de aviões)
Vocês — morar em casa ◄──► apartamento (mais seguro) — *secure (safe)*
A senhora — viver em Portugal? ◄──► no Brasil (mais bonito)
Ele — batatas? ◄──► massas (italiano)

Complete.

a) De manhã, ele _____ ficar em casa. Mas à tarde ele _____ ginástica no clube.

b) De manhã, eu _____ a porta do quarto sem barulho.

c) À noite, nós não _____ nada. Nós _____ dormir cedo.

d) Nossos amigos _____ a loja só às 10 horas. Eles _____ começar mais tarde.

closed

e) A bilheteria está fechada agora. Ela só _____ às 9 horas.

f) O diretor _____ a correspondência. Ele _____ ler as cartas pessoalmente.

quarto — room (where you sleeps)
sala — room

B7 Está funcionando

abrir	— abrindo	ler	— lendo
ir	— indo	poder	— podendo
preferir	— preferindo	querer	— querendo
estar	— estando	ser	— sendo
trabalhar	— trabalhando	ter	— tendo

Faça frases.

Esta loja	fazer	muito.	
Este aluno	abrir	mais cedo esta semana.	
Eu	querer	falar com o professor.	
Os estudantes	ir	na Europa.	
Meus filhos	morar	sair à noite.	
Nós	(não) poder	muito devagar.	
Vocês	trabalhar	para Recife.	

Exemplo:
Esta loja está abrindo
mais cedo esta semana.

B8 Imperativo

trabalhar → trabalhe
escrever → escreva
abrir → abra
fazer → faça
ler → leia
seguir → siga

Quais são as ordens?

a)

b)

abrir a janela

c)

virar

d)

reduzir a velocidade

e)

beber

f)
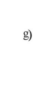
parar

g)

seguir

1. Fale com seu/sua colega.
   Você está hospedado no melhor hotel da cidade. Seu colega faz muitas perguntas sobre o hotel.

o serviço
o conforto
a diária
o bar e o restaurante
os quartos
?

HL ★★★★
HOTEL DAS CATARATAS
Rodovia das Cataratas, km 28
85890 – Foz de Iguaçu-PR
Tels.: (0455) 74-2666 e 72-4479
Telex: (452) 113

Localização:
Parque Nacional Iguaçu.

Acomodações:
200 apartamentos.

Serviços no Apartamento:
Telefone, geladeira, televisão, ar-condicionado, aquecimento central, calefação, música ambiente.

Serviços do Hotel:
Restaurante, bar, coffee shop, sala de reuniões (50), estacionamento, piscina, quadra de vôlei e futebol, tênis, futebol, playground, cofre.

Serviços Especiais:
Loja de souvenirs, joalheria, agência de viagens, mirante.

Taxa de serviço (10%) incluída na nota.
Aceita cartão de crédito.

2. Você está falando com a camareira.
   Você não está satisfeito com o hotel.

ordem ◄──► desordem
sujo ◄──► limpo
limpar (wash/arrange) ──► banheiro/quarto
arrumar ──► quarto/cama
faltar (miss) ──► toalhas/sabonete/ ... (towels)
trocar (change) ──► lençóis/ toalhas (bed)
não ter ──► água/ cerveja/ ... no frigobar
não funcionar ──► televisão/ luz/ telefone/ ...

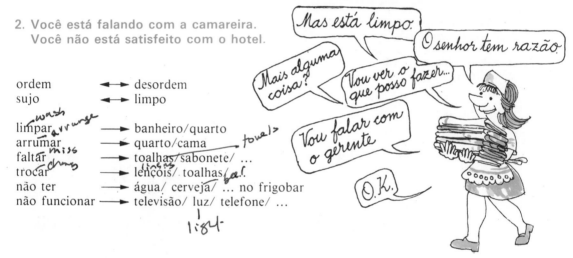

Mas está limpo.
O senhor tem razão
Mais alguma coisa?
Vou ver o que posso fazer...
Vou falar com o gerente
O.K.

1. Consulte o mapa da página 32. Você está com sua amiga. Ela está dirigindo. Vocês estão na praça Sílvio Romero e querem ir até a Drogaria no Largo Nossa Senhora do Bom Parto.
   Indique o caminho à sua amiga.

2. Explique onde você mora e como você vai para casa depois da aula de portugués.

   pegar ônibus/ bonde n.º ...
   descer do ônibus/bonde em ...
   andar até ...

3. No domingo vai haver um jogo de futebol muito importante em sua cidade. Converse com seu/sua colega sobre o melhor modo (carro/ônibus/bonde/...) de chegar ao estádio.

4. Escolha no jornal um evento (concerto, teatro, show...) no fim-de-semana.
   Converse com seu/sua colega sobre o melhor modo de chegar lá e combine o encontro.

D1 Quem procura o quê?

1. Leia os textos.
A quem pode interessar o anúncio do Saperapetê Flat Service? Explique por quê.

a) José Salviano Tavares Filho, empresário paulista. No momento, ele está fazendo planos para passar duas semanas na praia com a família, num ambiente doméstico, longe de atividades sociais.

b) Maricota Cajado Bastos, gerente, do Paraná. Neste ano quer passar algumas semanas num bom hotel nas montanhas.

c) Arlindo Moreira de Freitas, médico aposentado, gosta de passar metade do ano na praia.

d) Ivo de Azevedo, fazendeiro, do interior de Minas Gerais. Gosta de praia, mas reclama dos preços das diárias dos hotéis. Ele prefere não viajar e investir em bons negócios o dinheiro que gastaria nas férias.

SAPERAPETE FLAT SERVICE

Sua casa na Bahia

Um ótimo investimento para seu dinheiro. Todo ano, duas semanas inesquecíveis num paraíso de conforto.

SOL
AREIA
MAR

E mais:
* 70 apartamentos equipados com frigobar, TV a cores, ar condicionado e telefone.
* Todos os apartamentos com magnífica vista do terraço para o mar.
* Piscina, bar, restaurante 24 horas, american bar.
* Toda infra-estrutura de um hotel 5 estrelas.
* Administração a cargo de Tour Hotéis Ltda.
Compre seu título hoje e garanta duas semanas de férias perfeitas para você. E lucros o ano inteiro.

Flat Service
O melhor negócio imobiliário do momento

2. E as outras pessoas? Escolha o hotel ideal para cada uma delas.

Aldéia de Sahy

PRAIA DO SAHY
Locações para Lazer
(011) 280-1777 - São Paulo
(0124) 63-1366 - São Sebastião

HOTEL FAZENDA
Chalé Refúgio
SERRA NEGRA

DO TAMANHO IDEAL PARA PESSOAS DE BOM GOSTO, QUE PROCURAM QUALIDADE, TRANQUILIDADE E ÓTIMO ATENDIMENTO

RESERVAS (SP) (011) **572-8279**

SÃO SEBASTIÃO
Hotel Pousada Beira da Prainha

Aptos. frente p/mar - piscina - tênis - sauna - bar - deck - restaurante - sala jogos e tv - local bucólico.

RESERVAS:
S.Paulo: 883-1024
S. Sebastião:
(0124) 52-1750

NAS MONTANHAS
O HOTEL MAIS SIMPÁTICO
DO SUL DE MINAS

Hotel Recanto das Hortênsias
(Tipo Fazenda) PASSA QUADRO-MG

Lago com pedalinho, piscinas, quadra poliesportiva, tênis, cavalos, charretes, salão de jogos, lareira, salão de convenções.

RESERVAS: São Paulo: (011) 259-2188
Passa Quatro: (035) 371-1400

ALUGA-SE APTO.
Praia Astúrias, acomodação p/6 pessoas. Diária N$ 50.00. Tratar Fone: 440-7311. H.C. Sind. Creci 23112

TEMPORADA SANTOS
Mínimo 6 meses, mobil 1 qto. Sala, coz, wc, alug.250,00. Tr. EXATA IMÓVEIS (0132) 39-3849

PRAIA-BOISSUCANGA
Lindos chalés frente ao mar. Água cristalina, à partir NCz$ 8,00/dia. Tr.(0124) 65-1342.

O seu imóvel está aqui.

Examine a planta na página 32 e depois ouça a fita. Onde Felipe vai encontrar Alcides? Aponte o local no mapa.

Examine as placas de trânsito. Relacione com as situações à direita.

Parada obrigatória

Sentido proibido / Proibido virar à esquerda / Proibido estacionar

Estacionamento regulamentado / Proibido parar ou estacionar / Velocidade máxima permitida

Sentido obrigatório / Siga em frente / Mão dupla

- Não podemos entrar nesta rua. É contramão.

- Que sorte! Podemos estacionar aqui. Há uma vaga ali atrás do carro azul.

- À esquerda não! Olhe o guarda!

- **Paaaare!!!! BUUM!**

- Estacionar aqui? De jeito nenhum. Aqui nem podemos parar.

- Esta rua é de duas mãos?
○ Não, não é. É mão única.

- Fique à direita. Esta rua é de duas mãos.

- Não vire nem à esquerda nem à direita.

- Excesso de velocidade, moço. Vou lhe dar uma multa.

Amazonas tem um milhão, quinhentos e sessenta e quatro mil, quatrocentos e quarenta e cinco quilômetros quadrados.

200 duzentos/duzentas
300 trezentos (-as)
400 quatrocentos (-as)
500 quinhentos (-as)
600 seiscentos (-as)
700 setecentos (-as)
800 oitocentos (-as)
900 novecentos (-as)
1000 mil
2.000 dois/duas mil
1.000.000 um milhão
1.000.000.000 um bilhão

Área: 1.564.445 km^2.
População: (est. 1987): 1.833.000 habitantes
População urbana: 1.242.000.
População rural: 591.000.

Capital: Manaus.
Número de municípios: 44.
Principais cidades: Manaus, Itacoatiara, Manacapuru, Parintins, Coari.
Rodovias: 2.469 km federais, 571 km estaduais e 2.238 km municipais.

Lição 5

A1   Estou procurando uma casa para alugar

- ○ Bom-dia. Posso ajudá-la?
- ● Estou procurando uma casa para alugar neste bairro.
- ○ De quantos quartos?
- ● Dois ou três e, se possível, com jardim ou quintal *backyard* pequeno.
- ○ Aqui não vai ser fácil. Tem outra região de preferência?
- ● Nos bairros vizinhos, de preferência zona oeste.
- ○ Estas são as fichas das casas e sobrados para alugar. *car d*   *2 story* ...
- ○ Então, já encontrou alguma coisa?
- ● Encontrei uma casa que parece interessante.
- ○ Quer visitar?

sobrado	casa térrea	apartamento	kitchenette
Rua Roque Petrella, 188 térreo: sala, cozinha, lavabo - andar superior: 2 dorms., banheiro. quintal.	**Rua Cabral, 520** living, sala de jantar, 2 quartos, 1 suíte, armários embutidos, banheiro, cozinha, área de serviço, jardim.	**Rua Tutóia, 1350** apto 93 frente 3 dorms., 2 banheiros, sala em L, terraço, cozinha, quarto + WC de empregada.	**Rua Voluntários da** Pátria, 78, apto. 16 sala-quarto arm. embutido, cozinha, banheiro.

maid apt.

1. **Quais fichas podem interessar a estas pessoas?**
   - ▶ família com 2 filhos adultos
   - ▶ casal sem filhos
   - ▶ estudante
   - ▶ duas amigas
   - ▶ casal com 3 filhos pequenos
   - ▶ casal de idade   *couple age*

2. **Escolha uma das pessoas e imagine o diálogo na imobiliária.**

A2   Esta sala é um pouco escura

- ○ Esta é a chave do portão. E esta menor é a da porta da sala.
- ● É a única entrada?
- ○ É sim senhora. Mas a divisão interna é muito bem feita.
- ● Esta sala é um pouco escura.
- ○ Vamos visitar a cozinha. A senhora vai gostar.
- ● Não. Primeiro quero ver os outros cômodos e, por último, a cozinha.
- ○ Esta é a suíte principal com banheiro e roupeiro.
- ● Mas ela é mais escura do que a sala. Não bate sol!
- ○ Os quartos do outro lado são mais ensolarados. ...
- ● Esta casa é muito úmida. Não gostei nem um pouco. É muito diferente do anúncio.

1. Aqui estão anotações sobre os imóveis de A1. Qual destas corresponde ao imóvel de A2?

2. Com as outras anotações, fale com o corretor.

Rua Voluntários da Pátria

muito pequeno
muito barulhento
não tem elevador

Rua Roque Petrella, 188

sala úmida
suíte sem sol
quintal grande

Rua Tutóia, 1350
apto. 93 frente

não tem AE
cozinha pequena
não tem suíte

Rua Cabral, 520

sala grande
dormitórios
ensolarados
não tem lavabo

5

Você já resolveu seu problema de apartamento?   A3

o Você já resolveu seu problema de apartamento?
● Ainda não.
o Você não procurou naquele prédio perto do correio, na rua Fontana?
● Procurei sim e até visitei um no 2º andar, mas não deu certo.
o Por que não? Não é bom? Muitos vizinhos?
● O apartamento é bom. São dois por andar com armários embutidos e área de serviço.
o Então, qual é o problema? O aluguel?
● Não é só o aluguel. É a rua também.
o É, a rua Fontana é muito comercial.
● E o pior, o bar-restaurante no outro lado da rua!

41

1. Como pode ser?

a garagem

o aluguel

o condomínio

o vizinho

o elevador

o prédio

a sala

bonito	←→	feio
novo	←→	velho
baixo	←→	alto
claro	←→	escuro
caro	←→	barato
ensolarado	←→	úmido
barulhento	←→	tranqüilo

Exemplo:

O condomínio é
caro/ barato/
alto/ baixo

2. Observe os desenhos na página 41 e fale com seu/sua colega sobre as vantagens e desvantagens do apartamento e da casa.

A4 Onde está...?

1. Relacione 1-8 com a-h.

① ☐ O retro-projetor está em cima da mesa.
② ☐ A lousa está atrás da mesa na parede.
③ ☐ A bolsa está embaixo da mesa.
④ ☐ A professora está ao lado da mesa em frente da lousa.
⑤ ☐ A mesa está no meio da sala em frente da lousa.
⑥ ☐ O toca-fitas está em cima da mesa perto do retro-projetor.
⑦ ☐ O aluno B está sentado entre os alunos A e C.
⑧ ☐ A palavra 'preposições' está na lousa.

2. Agora descreva sua sala de aula.

42

3. Observe o desenho ao lado e fale com seu colega. Nesta sala, onde está o quê?

○ Onde está o telefone?
● Está embaixo da cama.
○ ...

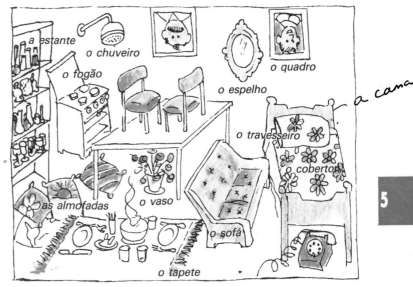

a estante
o chuveiro
o quadro
o fogão
o espelho
a cama
o travesseiro
o cobertor
as almofadas
o vaso
o sofá
o tapete

Já - already

perto de
longe de

5

Pretérito perfeito: verbos em -ar   B1

1. Leia o diálogo, procure as formas do pretérito perfeito e complete o quadro ao lado.

○ Você (falou) com Pedro?
● Falei. Almoçámos juntos ontem.
○ Eles já se mudaram? *moved*
● Já. Ele comprou um apartamento peque-no, perto do escritório onde trabalha.
○ Comprou? Que sorte! Eu também estou procurando um, mas não achei nada ainda. *find*

Still ainda não (not yet)

trabalhar

Eu	–	trabalhei
Você / Ele/ Ela	>	trabalhou
Nós	–	trabalhámos
Vocês / Eles/ Elas	>	trabalharam

2. Fale com seu/ sua colega.

Exemplo:
　　　○ Você já encontrou uma casa para alugar?
　– ● Não, ainda não encontrei.
　+ ● Já, já encontrei.

O vendedor já	falar com	a nova vizinha?
Ele já	encontrar *com*	seu salário?
Vocês já	arrumar *clean up*	hotel na praia?
Nós	visitar	uma casa menor?
Elas já	mostrar	a casa com garagem?
Seu chefe já	aumentar *get bigger*	sua vizinha? *neighbor*
O zelador *(super)*	fechar *close*	o portão? *big door*
O proprietário	comprar	a área de serviço?

B2 Pretérito perfeito: verbos em -er

1. Leia o diálogo e complete o quadro com as formas do pretérito perfeito.

○ Você não gostou do hotel onde ficou?
● Não. De jeito nenhum.
○ Como assim?
● Escrevi antes, pedindo um quarto de frente para o mar, mas eles não receberam minha carta e me reservaram um quarto de fundo.
○ Mas você comeu e bebeu bem. A cozinha do hotel é famosa.
● Pelo contrário. Comida péssima.
○ Não diga!

beber

Eu	–	*bebi*
Você / Ele/ Ela	>	*bebeu*
Nós	–	*bebémos*
Vocês / Eles/ Elas	>	*beberam*

2. Pergunte e responda.

Exemplo: ○ Você já vendeu seu apartamento?
- ● Não, ainda não vendi.
+ ● Já, já vendi.

Você Ele Ela Nós Vocês Eles Elas	(já)	beber comer escolher escrever perder responder vender	feijoada caipirinha a pergunta a casa a carta seu apartamento a chave

?

B3 Pretérito perfeito: verbos em -ir

1. Leia o texto e complete o quadro com as formas do pretérito perfeito.

Durante algum tempo eu dividi o aluguel do apartamento com três amigos para diminuir as despesas. Mas depois Carlos decidiu morar com uma amiga e os outros dois abriram um barzinho na praia.

dividir

tu dividiste

abrir

Eu	–	*dividi*
Você / Ele/Ela	>	*dividiu*
Nós	–	*dividimos*
Vocês / Eles/Elas	>	*dividiram*

Ontem decidi mudar minha vida. Mas hoje já estou bem melhor.

2. Complete com *decidir/ abrir/ sair/ desistir*.

a) o Já _decidiu_ o que vai fazer no domingo?

   • Já. Vou ver a exposição de carros antigos no Anhembi.

b) o Quem _abriu_ minha correspondência?

   • Fui eu que _____ . Desculpe!

c) o Os seus pais _saíram_ do apartamento?

   • Não, não _____ . Hoje decidem quando vão se mudar.

d) o Vocês ~~desistiram~~ de ir jogar futebol?

   • Nós _desistimos_ . Está muito quente hoje.

Verbos em -ar, -er, -ir   B4

Fale com seu/sua colega.

Exemplo: o Quantas horas você trabalhou ontem?
   • Sete e meia. E você?
   o Trabalhei nove.

Com quem	ele	abrir	ontem?
Quantas horas	ela	beber	no último fim-de-semana?
Quantas cervejas	você	escrever	no mês passado?
Por que	...	funcionar	sábado?
A que horas	a loja	receber	...?
Onde	a escola	sair	
	...	trabalhar	

Comparativo   B5

O quarto é	mais	escuro	do que	a sala.
	menos	ensolarado	do que	
	tão	grande	quanto/como	

A sala é	pequena,	mas a cozinha é	menor	ainda.
O quarto é	grande,	mas a sala é	maior	ainda.
A casa é	boa,	mas o apartamento é	melhor	ainda.
A cozinha é	ruim,	mas a área de serviço é	pior	ainda.

are os três carros.

	UNO	GOL	MONZA
$	$$	$$$	$$$$
🚗	364 cm	381 cm	455 cm
⛽	12,3 km/l	11,5 km/l	11,2 km/l
⌛	1985	1982	1985
⚖	825 kg	850 kg	1035 kg
🕐	160 km/h	152 km/h	164 km/h

rápido
caro   grande

pequeno   barato

econômico

confortável

moderno

pesado

C1   Como é sua casa?

1. Desenhe a planta de seu apartamento/sua casa para seu/sua colega e explique como é. Descreva a sala.

* sala, quarto, cozinha, jardim, quintal, varanda...
* estreito, confortável, pequeno...
* escuro, claro, ensolarado...
* ao lado de, entre, em frente

2. Como é o apartamento/a casa de seus sonhos? Compare com o apartamento/a casa onde você mora agora.

A casa dos meus sonhos tem uma grande piscina. Ela é mais bonita do que...

- ○ Vamos colocar a mesa aqui?
- ● Não, acho melhor colocar a televisão.

- ○ Você gosta do sofá onde está?
- ● Não. Está muito perto da porta.
- ○ É. Acho que ele fica melhor embaixo da janela.

Você está arrumando a sala. Seu/sua colega vai ajudar você.

Image labels: a porta · as cortinas · o teto · o aparelho de som · a janela · a peltrona · a parede · o abajur · a mesa de centro · o chão

tirar/colocar/mudar ficar/gostar de	em cima de embaixo de	perto de longe de	ao lado de na frente de	atrás de entre	dentro de fora de

Onde vai ficar...? Vamos colocar... Você gosta do sofá...? ...	Não, acho que... fica... Eu acho melhor.../feio.../... mais prático... mais bonito...

Gostaria de colocar um anúncio no jornal...   D1

1. Ouça a fita e escolha a alternativa correta.

a) A pessoa que ligou para o jornal
- 1 está procurando um apartamento para alugar.
- 2 tem um apartamento para alugar.
- 3 quer vender um apartamento.

b) Como é o apartamento?
- 1 2 quartos, uma sala, cozinha e banheiro
- 2 2 quartos, 2 salas, cozinha e banheiro
- 3 um quarto, uma sala grande, cozinha e banheiro

c) O anúncio sai no jornal
- 1 na 2.ª feira.
- 2 no dia 15.

2. Qual é o anúncio do cliente?

Jd. Esplanada Apto novo, 2 dorms, sala, coz., banh., área de serv., gar. Vende-se. Preço a combinar, tratar imob. Lia.
Fone 262-5664

Apto Centro. Alugo. Ótimo apto com 2 dorms., 1 sala, coz., banh., área de serv., mob., gar. Aluguel a combinar
Fone 262-5114

Aluga-se Apto rua Camões, 2 dorms., sala, coz., banh. arm. emb., acarp., op. tel, gar. Aluguel a combinar. Tratar fone 262-5164.

D2   Casas populares

1. O que você sabe sobre a
   situação habitacional
   no Brasil?

   casas — apartamentos — próprio —
   alugado — pequeno — grande —
   luxuoso — simples — ...

habitação. [Do lat. *habitatione*.] *S. f.* **1.** Ato ou efeito de
habitar. **2.** Lugar ou casa onde se habita; morada;
vivenda, residência. [Sin. (p. us.), nesta acepç.: *bata*.] **3.**
Jur. Direito real que têm uma pessoa e sua família de
habitar gratuitamente casa alheia.
habitacional. *Adj. 2 g.* Referente a habitação.

2. Observe as estatísticas. O que elas dizem sobre a situação?

3. Fale sobre as casas das fotos.

casa própria

casa própria

4. Agora leia o artigo na página 49 e complete a pirâmide social embaixo com
   expressões do texto.

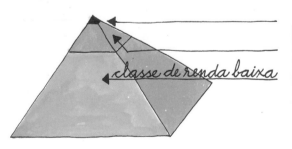

classe de renda baixa

Renda¹. [Dev. de *render*.] *S. f.* **1.** Resultado financeiro
de aplicação de capitais ou economias, ou de loca-
ção ou arrendamento de bens patrimoniais: *Vive de*
r e n d a s ; A r e n d a da Santa Casa dá para suas
despesas. **2.** Rendimento (3). **3.** Qualquer rendimento
(3) sujeito a obrigações tributárias: *Já fez sua declara-*
ção de r e n d a ? **4.** V. *receita* (1): *A r e n d a de um*
leilão, de uma tômbola. **5** O total das quantias recebi-
das, por pessoa ou entidade, em troca de trabalho ou
de serviço prestado

A solução da Unicamp.

Em 25 anos de existência do Sistema Financeiro da Habitação foram construídas 4,5 milhões de unidades habitacionais no País, das quais 1,6 milhão destinado à faixa de renda baixa (três a cinco salários mínimos).

O resto foi para a construção de casas para as classes média e alta, o que não resolve o problema dos menos favorecidos.

Um exemplo de que é possível construir casas populares com custos até inferiores aos das Cohabs são os projetos desenvolvidos pela Universi-

dade de Campinas (Unicamp), no estado de São Paulo, onde uma casa, construída em mutirão e usando um processo construtivo mais moderno custa por metro quadrado 25% do preço do mercado, podendo chegar aos 50% se computada a mão-de-obra.

Racionalidade. O conforto é possível com pouco dinheiro.

5. O que o texto diz sobre os seguintes números:
   4,5 milhões   1,6 milhão   25%

6. Leia os trechos do dicionário e depois o último parágrafo mais uma vez.

'construir em mutirão' significa: construir com ajuda de vizinhos, amigos, colegas, etc.

O que significa:
'computar a mão-de-obra'?

a) ☐ incluir os custos do trabalho no preço da construção.
b) ☐ construir com ajuda do computador
c) ☐ escolher os trabalhadores

> **mão-de-obra.** S. f. **1.** Trabalho manual de operário, artífice, etc.: "Na marcenaria francesa é inexcedível a perfeição da mão-de-obra nos móveis de luxo" (Ramalho Ortigão, *Notas de Viagem*, p. 192). **2.** Despesa com esse trabalho. **3.** Aqueles que o realizam: *Há muita falta de mão-de-obra especializada.* **4.** *Bras.* Coisa difícil, complicada. [Sin., lus. (nesta acepç.): *bico-de-obra.*] [Pl.: *mãos-de-obra.*]

Associação de palavras   E

Trabalhe com seu/sua colega. Escreva em 2 minutos o maior número de palavras relacionadas à idéia de:

casa   férias   escola   comida   família   trabalho

A1 O dia-a-dia de duas brasileiras

Dona Cecília,
38 anos,
professora
e dona de
casa,
4 filhos.

Dona Conceição,
43 anos,
empregada
doméstica,
4 filhos
adolescentes.

❝ Sou professora, e mãe de 4 filhos. Três vezes por semana, dou aulas numa escola particular. Como nossa casa é grande e dá muito trabalho, tenho uma empregada e uma faxineira. As crianças almoçam em casa. Durante a semana, à tarde, elas têm aulas de inglês, de piano, de judô e de ballet. Eu as levo para lá e para cá o tempo todo. E depois, vou buscá-las. É terrível, mas o que posso fazer? À noite, geralmente ficamos em casa, mas de vez em quando, às 6.ªs-feiras, meu marido e eu saímos. Às vezes, quando o tempo está bom, vamos à praia no fim de semana. Temos uma casa lá. ❞

❝ Moro no subúrbio, longe do meu emprego. Levanto muito cedo, dou café para minha família e vou trabalhar. Tomo dois ônibus. Chego às 8 horas na casa da minha patroa. Limpo a casa, lavo e passo roupa, faço o almoço e arrumo a cozinha. Às 4 horas, vou para casa. Mais dois ônibus! Em casa eu tenho muito serviço, mas o que posso fazer? Meus filhos, graças a Deus, já estão trabalhando: dois na fábrica, os outros, num supermercado. O Zeca vai à escola à noite. Ele diz que gosta de estudar. ❞

Dona Cecília conversando
com o marido:

- ○ Puxa! Ainda estou cansada hoje!
- ● Verdade? Cansada de quê? Ontem você passeou o dia inteiro com as crianças.
- ○ Por isso mesmo. Você sabe, as crianças não tiveram aula. Eu também não. Fomos ao clube de manhã, depois almoçamos numa lanchonete. À tarde eles quiseram ir ao cinema. Fomos. E fizemos compras. Depois ainda estivemos na casa da Mônica.
- ● Não diga. Tudo isso?
- ○ Mas foi bom. — Nossa! Como estou cansada!

Dona Conceição falando
com uma amiga:

- ○ Ontem liguei para a casa da Dona Cecília mas ninguém atendeu. A senhora não foi trabalhar ontem, Dona Conceição?
- ● Fui trabalhar sim, mas ontem foi um dia diferente. Dona Cecília saiu com as crianças logo de manhã, por isso tive menos trabalho. Não fiz o almoço e fui para casa mais cedo. Foi muito bom! Finalmente pude pôr minha casa em ordem.

O que você sabe sobre Dona Cecília e Dona Conceição? Preencha o quadro e fale sobre o dia-a-dia delas.

	Dona Cecília	Dona Conceição
idade		
filhos		
profissão		
horário de trabalho		
outras atividades		
atividades das crianças		

6

Um dia diferente A3

1. Como Dona Conceição diz no diálogo?

Saí de casa para trabalhar   *Fui trabalhar*

Trabalhei menos

Não preparei o almoço

Foi possível arrumar minha casa

2. Fale sobre o dia de ontem da Dona Cecília e da Dona Conceição.

A Dona Cecília e as crianças
— passearam
— não tiveram
— foram
— estiveram

A Dona Conceição
— foi
— teve
— não fez
— foi
— pôde

51

B1   Pretérito perfeito — Verbos irregulares *ser* e *ir*

	ser + ir
Eu	— fui
Você	
Ele/Ela	> foi
Nós	— fomos
Vocês	
Eles/Elas	> foram

No pretérito perfeito, ser e ir tem a mesma forma.

1. *ser*

Exemplo:

Já — already

Hoje sou um papagaio. Já fui um ovo.

a) eles/hoje/ricos — já/pobres
b) eu/hoje/diretor — já/vendedor
c) você/hoje/paciente — já/médico
d) nós/hoje/amigos — ano passado/casados
e) vocês/hoje/professores — já/alunos

2. *ir*

Exemplo: eu/ hoje/ cinema — ontem/ também
         Hoje vou ao cinema, ontem fui também.

a) ela/ hoje/ cinema — ontem/ com Carlos
b) nós/ amanhã/ praia — na semana passada/ também
c) eles/ sexta-feira/ concerto — ontem/ teatro
d) eu/ nas férias/ para Natal — nas últimas férias/ para Maceió
e) ele/ hoje à tarde/ dentista — ontem à tarde/ também

B2   Pretérito perfeito — Verbos irregulares *ter, estar, fazer*

	ter *have*	estar	fazer *do/make*
Eu	— tive	— estive	— fiz
Você			
Ele/Ela	> teve	> esteve	> fez
Nós	— tivemos	— estivemos	— fizemos
Vocês			
Eles/Elas	> tiveram	> estiveram	> fizeram

1. ter, estar

Exemplo: eu/aula de judô/reunião no escritório
Não estive na aula de judô.
Tive reunião no escritório.

a) Gerson/casa do Paulo/muito trabalho
b) Vocês/aula de Português/aula na universidade
c) Nós/praia/montanha
d) Eu/almoço com Iara/problemas com o carro
e) Você/minha festa/festa da Célia.

2. fazer

Exemplo: ele/o exercício/eu
Ele ainda não fez o exercício? Eu já fiz.

a) vocês/compras/nós
b) eles/teste/eu
c) você/jantar/eles
d) eles/a cama/vocês
e) ela/a tarefa/ele

3. Responda como no exemplo.

o Marta, você não fez o teste?
● Não fiz, nem vou fazer!

a) Sandra, você não teve reunião?
b) Os alunos não tiveram aula?
c) Mário e Samuel não estiveram com vocês?
d) Vocês não fizeram as tarefas?
e) Ele nunca foi presidente do clube?

Pretérito perfeito dos verbos irregulares *querer* e *poder*   B3

	querer	poder
Eu	— quis	— pude
Você Ele/Ela	> quis	> pôde
Nós	— quisemos	— pudemos
Vocês Eles/Elas	> quiseram	> puderam

1. Complete com *querer* ou *poder*.

a) Eu _____ ir à festa, mas não _____.

b) Pedro _____ telefonar, mas não _____.

c) Sônia e eu_____ ir ao shopping center, mas não _____.

d) Nós _____ falar com vocês, mas não _____.

e) Eu _____ escrever para você, mas não _____.

53

...a/sua colega.

o Você não quis ir ao cinema ontem?
• Quis mas não pude, tive aula.

Você Ele Ela Vocês	querer poder	ir à festa de ir ao cinema ontem assistir ao show no domingo falar com... alugar uma casa nova		ter muito trabalho não ter tempo ter reunião ter aula ter outro compromisso

B4 Verbo irregular *dar*: Presente e pretérito perfeito

give darentão

1. *dar*: presente

Dar é conjugado como *estar* no presente. Complete a conjugação você mesmo.

Eu estou dar

Eu	dou
Você	dás
Ele/ Ela	dá
Nós	damos
Vocês	
Eles/ Elas	dão

2. *dar*: pretérito perfeito

–	dei
>	deu
–	demos
>	deram

3. Trabalhe com seu/sua colega.

Exemplo: você/ livro/ Paulo
    o Você já deu o livro ao Paulo?
    • Já dei, sim.

a) ele/ dinheiro/ Marina
b) vocês/ carta/ professor
c) professor/ nota/ vocês
d) eu/ livro/ você?
e) ela/ aula/ você?

*dou
dás
dá
damos
dei's
dão*

B5 Verbos irregulares no pretérito perfeito

Trabalhe com seu/ sua colega.
Complete as perguntas e as
respostas. Há várias
possibilidades.

ser   ir   estar   ter   dar   querer   poder   fazer

Exemplo: o Você não foi/esteve lá?
    • Fui/estive, sim.

a) o Você não ___foi___ lá?
    • _____, sim.

b) o Vocês não _____ problemas?
    • _____, sim.

c) o Ele não _____ um presente?
    • _____, sim.

d) o Ela não _____ nada?
    • _____, sim.

e) o Eles não ___fizeram___ barulho?
    • ___fizemos___, sim.

f) o Vocês não_____ ir?
    • _____, sim.

Eu conheço	Chico	muito bem	▶	Eu	o	conheço muito bem.
	Anna		▶		a	
	Chico e Anna		▶		os	
	as ruas de Salvador		▶		as	

| Eu conheço **você** muito bem, Ana. | ▶ Eu a conheço muito bem. |
| Eu conheço **vocês** muito bem, Ana e Chico. | ▶ Eu os conheço muito bem. |

6

1. Complete.

Quero ler o jornal.   ▶   *Quero lê-lo.*

a carta   ▶   *Quero lê-la*

os livros   ▶   *Quero lê-los*

as notícias   ▶   *Quero lê-las*

Ele vai entrevistar você amanhã   ▶   _____

Nós vamos visitar vocês amanhã   ▶   _____

2. Relacione.

a) Onde estão os livros?
b) Você leva as crianças à escola?
c) Comprou as xicrinhas de cafezinho?
d) Você pode me dar seu jornal?
e) Você tem carro?

(1) Claro, só vou lê-lo mais tarde.
(2) Eu as comprei ontem.
(3) Tenho, posso levá-la para casa.
(4) Eu os dei para Sabrina.
(5) Claro, eu as levo todo dia.

3. Fale com seu/ sua colega.

Exemplo: ○ Você escreveu a carta para Carlos? ◀ ontem ● Eu a escrevi ontem.
amanhã ● Vou escrevê-la amanhã

a) Vocês já alugaram o apartamento?   ◀ semana passada
b) Você vai me visitar logo?   ◀ na próxima quinta-feira
c) Quando você pode me levar para casa?   ◀ daqui a uma hora
d) Quando você vai comprar as flores?   ◀ antes do almoço
e) Ela já recebeu a resposta?   ◀ segunda-feira
f) Vocês já venderam o carro?   ◀ próximo fim de semana
g) Eles já fizeram o almoço?   ◀ daqui a meia hora

Este é um peixe, vou comê-lo agora.

Perguntamos a 7 brasileiros o que eles fizeram na semana passada.
Eis as respostas.

1. A que textos correspondem as fotos?

"Na semana passada, pela manhã fui à faculdade. Tive uma prova difícil, mas não saí da rotina. 2ª e 5ª, à tarde, dei aula de matemática para dois alunos do 2º grau. À noite fui para minha aula de inglês. Na 4ª feira, fiz ginástica na academia perto de casa. No sábado, estive num barzinho da moda com minha namorada. É só."

estudante — Brasília

"Sou vendedor ambulante, na semana passada ou hoje é sempre a mesma coisa. Saí de casa às 6 hs da manhã com meu carrinho. Fui para a praia e fiquei por lá o dia inteiro. Vendi muito pouco e já gastei a metade pagando as contas atrasadas. O que sobrou não vai dar para passar a semana."

favelado — Fortaleza

"Sou uma pessoa muito metódica. Na semana passada, como sempre, me levantei às 6.30, fiz 40 min. de cooper, em seguida tomei banho e li todos os jornais como de costume. Cheguei no escritório às 9 em ponto. Eu me reuni com meus assessores, recebi alguns clientes. Na 2ª almocei com o diretor financeiro de um banco e na 5ª jantei fora com colegas do setor para tratar de negócios. No fim de semana fui com a família para a fazenda."

empresário — São Paulo

"Meu dia-a-dia é muito cansativo. A semana passada não foi diferente. Peguei o ônibus às 6hs e às 7hs comecei a jornada na fábrica. Tivemos muito serviço, um colega não foi trabalhar porque está doente. Na 6ª f., depois do trabalho, joguei sinuca com o pessoal e quase perdi o ônibus. No sábado fiz supermercado e no domingo fomos à casa da minha sogra. Aproveitei para assistir o jogo Inter × Grêmio na televisão".

trabalhador — Porto Alegre

Minha semana foi ótima.
Segunda-feira comi peixe,
terça-feira comi peixe,
quarta-feira comi peixe,...

jacaré — Pantanal Matogrossense

"Minha semana foi uma loucura! No fim-de-semana estive em Salvador participando de um show. Na 2ª f. acordei ao meio-dia e fui para o estúdio gravar a novela das 8. Na 3ª de manhã, gravei um comercial para a TV. Na 4ª f. fomos com a equipe para Búzios e rodamos algumas cenas externas. Na 5ª estive em São Paulo e não pude ir ao show do Caetano. Na 6ª f., ficamos no estúdio trabalhando. E no fim de semana voltei a São Paulo para preparar nossa nova peça".

atriz — Rio de Janeiro

"Na semana passada, esteve aqui um grupo de jovens interessados em ecologia. Em geral, os turistas brasileiros querem fazer compras na zona franca. É mais barato. Mas estes rapazes quiseram subir o rio Negro, de barco, para conhecer a selva. Dormimos duas noites no barco e fizemos uma caminhada na mata. Não gostaram nem um pouco do clima e reclamaram dos mosquitos, mas acho que a experiência foi positiva".

guia turístico — Manaus

6

2. Quem fez o quê?

Na 2ª e na 5ª ...
Às 9 em ponto ...
Na 4ª-feira ...
Às 6 horas da manhã ...
Duas noites ...
No sábado ...

Entrevista C2

Entreviste seu/
sua colega.

1. O que você fez 6ª-feira à noite?
2. O que você fez no fim-de-semana?
3. Você esteve em algum lugar diferente ou ficou em casa?
4. Você saiu com seus amigos?
5. A que horas você se levantou no domingo?
6. Foi ao cinema na semana passada?
   Gostou do filme?
7. Você assistiu à televisão ontem?
   Gostou de algum programa?
8. Você leu os jornais de ontem?
   Achou alguma coisa interessante?
9. Você trabalhou muito na semana passada?
10. ...

Calendário brasileiro

janeiro	fevereiro	março
1º Confraternização Universal férias escolares de verão	carnaval	21 outono
abril	**maio**	**junho**
21 Tiradentes	1º Dia do Trabalho	21 inverno festas juninas
julho	**agosto**	**setembro**
férias escolares de inverno		7 Independência 22 primavera
outubro	**novembro**	**dezembro**
12 Nossa Sra. Aparecida (padroeira do Brasil)	2 Finados 15 Proclamação da República	21 verão 25 Natal férias escolares de verão

patron saint

1. Observe o calendário:
Quando começam as estações no Brasil?
Quais são os feriados nacionais?
Quais são os feriados religiosos?
Quais as outras festas brasileiras no calendário?
Quando são as férias escolares?

2. Em seu país:
Quando começam as estações?
Quais são os feriados nacionais e religiosos?
Quais são as festas principais?
Quando são as férias escolares?
Que feriados vocês já tiveram este ano e que feriados ainda vão ter?

no dia 15 de novembro
em setembro
no mês de setembro
na primavera
do dia ... até o dia ...

Você vai ouvir uma música de Paulinho da Viola cantada por Chico Buarque. A letra da música é um diálogo entre duas pessoas.

1. Ouça a fita e decida em que situação eles se encontram.

6

2. Ao lado você tem a letra incompleta de "Sinal fechado". Ouça a música novamente e complete com os elementos abaixo.

Por favor, não esqueça, por favor

Tudo bem

Eu vou indo e você, tudo bem?

Quanto tempo...

Quando é que você telefona?

Por favor

Sinal fechado

Olá, como vai?

Tudo bem, eu vou indo correndo
Pegar um lugar no futuro, e você?
    , eu vou indo em busca
De um sono tranqüilo, quem sabe?
Quanto tempo... pois é...

Me perdoe a pressa
É a alma dos nossos negócios
Oh! Não tem de quê
Eu também ando a cem

Precisamos nos ver por aí
Pra semana, prometo talvez nos vejamos
Quem sabe?
Quanto tempo... pois é...
Quanto tempo...
Tanta coisa que eu tinha a dizer
Mas eu sumi na poeira das ruas
Eu também tenho algo a dizer
Mas me foge a lembrança
    , telefone, eu preciso
Beber alguma coisa rapidamente
Pra semana
O sinal...
Eu procuro você
Vai abrir...
Prometo, não esqueço

Adeus...
Não esqueço
Adeus... Adeus...

Poesia e arte brasileira

Nasceu no Rio de Janeiro, no dia 7 de novembro de 1901. Órfã de pai e mãe aos 3 anos, foi criada pela avó. Formou-se professora primária em 1917. Em 1919 publicou seu primeiro livro de poesias, *Espectros*. Em 1930, iniciou atividades jornalísticas, participando ativamente do movimento pela renovação do ensino nas escolas brasileiras. Fundou várias bibliotecas infantis, a primeira em 1934. Foi professora universitária de literatura em universidades brasileiras e estrangeiras. Deixou vasta obra em prosa e poesia. Faleceu no Rio de Janeiro, no dia 9 de novembro de 1964. Recebeu, *post-mortem*, o prêmio "Machado de Assis", da Academia Brasileira de Letras, pelo conjunto de sua obra.

Cecília Meireles

barata - cockroach

Nasceu em 31 de outubro de 1902, na pequena cidade de Itabira, em Minas Gerais, de pai fazendeiro. Em 1920, mudou-se para Belo Horizonte, a capital do estado, onde começou sua carreira jornalística e poética. Em 1923, formou-se farmacêutico, mas nunca exerceu a profissão. Foi professor de escola e funcionário público. Em 1930, publicou seu primeiro livro de poemas, *Alguma Poesia*. Em 1934, mudou-se para o Rio de Janeiro. Nos anos seguintes, trabalhou como funcionário público em postos de destaque e desenvolveu sua carreira literária. Recebeu vários prêmios importantes. Dedicou-se, também, a atividades jornalísticas, tornando-se conhecido pelo grande público. Morreu no Rio de Janeiro, em agosto de 1987, amado e respeitado por todos.

Carlos Drummond de Andrade

poet!!

Nasceu em 1903, numa fazenda de café, em Brodowski, interior do Estado de São Paulo, de pais imigrantes do Vêneto. Cresceu entre trabalhadores do campo, no Brasil rural. Desde pequeno mostrou gosto pela pintura. Aos 10 anos, recebeu seu primeiro pagamento, ajudando um pintor a decorar a igreja local. Em 1917, mudou-se para o Rio de Janeiro, onde estudou desenho no Liceu de Artes e Ofícios e na Escola Nacional de Belas Artes. Trabalhando ativamente, em poucos anos seu nome ficou conhecido no país. Em 1928, ganhou o Prêmio de Viagem ao Estrangeiro pelo Salão Nacional de Belas Artes. Viveu na Europa de 1929 a 1931. De volta ao Brasil, sua arte sofreu grande evolução, tornando-se essencialmente brasileira. Seus temas principais foram a terra e o povo de seu país. Morreu no Rio de Janeiro, no dia 6 de fevereiro de 1962.

Cândido Portinari

Relacione.

Cecília Meireles

Carlos Drummond de Andrade ⟶ Minas Gerais

Cândido Portinari

pintor

poeta

morto aos 84 anos

infância em fazenda

trabalho com crianças

atividades profissionais no Rio de Janeiro

jornalista

paulista   filho de imigrantes italianos

morto aos 59 anos   carioca

Cândido Portinari: *Menino morto* (óleo sobre tela: 1944 — 1,79 x 1,90 m)

Poemas surrealistas   E

1. Com seu colega, forme o maior número de palavras
   com as letras das palavras abaixo.

(from person slum)

SECRETÁRIA   BRASILEIRO   FAVELADO   NAMORADO

Exemplo:

EMPRESÁRIO

substantivos	verbos	outros
MÊS	rir	sem
mesa	sair	me
rio	saio	por
mar	sai	pro
pai	pare	
	paro	
	sei	

2. Faça pequenos poemas ou frases com as palavras.

Exemplo:
Pequenos poemas
surrealistas, com
as letras da palavra
EMPRESÁRIO:

rio
não é
mar

uma mesa
sem me,
não é
uma mesa

o rio
não pára
e sai
para o mar

paro de sair
paro de rir
sem sair
não sei rir

61

Revisão

R1   Ponto de ônibus

Escolha uma das pessoas na foto e imagine a sua vida.

— idade	— O que ela/ele faz nos fins-de-semana?
— profissão	— O que ela/ele vai fazer agora?
— salário	— O que ela/ele fez antes?
— apartamento/casa	— O que mais você pode falar sobre ela/ele?
— vida familiar	
— dia-a-dia	

R2   Jogo da Velha

Instruções

— Duas pessoas jogam (ou quatro em dois grupos).
— Você escolhe uma casa e resolve a tarefa.
— O objetivo é conquistar 3 casas, completando uma linha reta

assim (horizontal)   ou   assim (vertical)   ou   assim (diagonal).

				X							X
X	X	X		X						X	
				X					X		

— Ganha quem completar primeiro uma linha de 3 casas.

Um aperitivo brasileiro?

O que você precisa para:

a) tomar sopa,
b) comer bife com batatas,
c) tomar cerveja e
d) tomar cafezinho?

Leia:

37   42   85   15
     98   54
69   26   71

Conte até 30
assim:

2 - 4 - 6 - ...

Quem é você?
(nome, nacionalidade,
profissão, endereço)

Eu me chamo...

Complete:

AGENDA
8h.-10h. aeroporto (Marcos)
10h.-12h. reunião
14h.-17h. reunião

o Por que você não pode ir à praia
   comigo amanhã?
● ...

Complete o diálogo:

o ...
● Não. Não posso.
o Que pena!

Como o senhor quer o seu bife?

Que horas são agora?

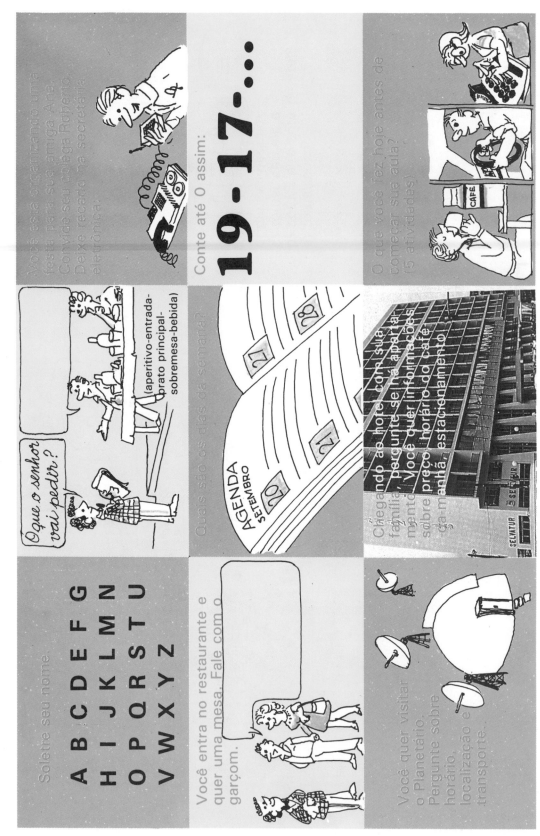

Você está organizando uma festa para a sua amiga Ana. Convide seu colega Roberto. Deixe recado na secretária eletrônica.

Conte até 0 assim:

19 - 17 - ...

O que você fez hoje antes de começar sua aula? (5 atividades)

O que o senhor vai pedir?

(aperitivo-entrada-prato principal-sobremesa-bebida)

Quais são os dias da semana?

AGENDA SETEMBRO 20 21 27 28

Chegando ao hotel com sua família, pergunte se há apartamento. Você quer informações sobre preço, horário do café da manhã, estacionamento.

Soletre seu nome.

A B C D E F G
H I J K L M N
O P Q R S T U
V W X Y Z

Você entra no restaurante e quer uma mesa. Fale com o garçom.

Você quer visitar o Planetário. Pergunte sobre horário, localização e transporte.

R

O que você fez ontem? (3 atividades)

O que está faltando?

Você precisa alugar um apartamento ou uma casa. Explique o que você quer: localização, número de quartos, preço, distância do escritório, escola, comércio, etc.

No hotel, às 9 horas da manhã. Você não gostou do quarto. Explique o problema ao gerente.

O que diz o aviso?

Zoológico
Ter.-Dom. 9 hs-17 hs
ôn. 15 e 29 (Praça do Correio)
Adultos: Cr$ 20,00
Crianças (até 12): Cr$ 10,00
Favor não dar comida aos animais

Leia o anúncio.

AV. BRIG. LUIZ
ANTÔNIO
Living, dorm., banh., coz.,
área de serv., gar. e tel.
83,55 m² C/INQUILINO
70.000,00 À VISTA

Seu amigo quer conhecer a cidade. Faça 3 sugestões.

Explique o caminho para o correio.

CORREIO

Descreva seu apartamento/sua casa.

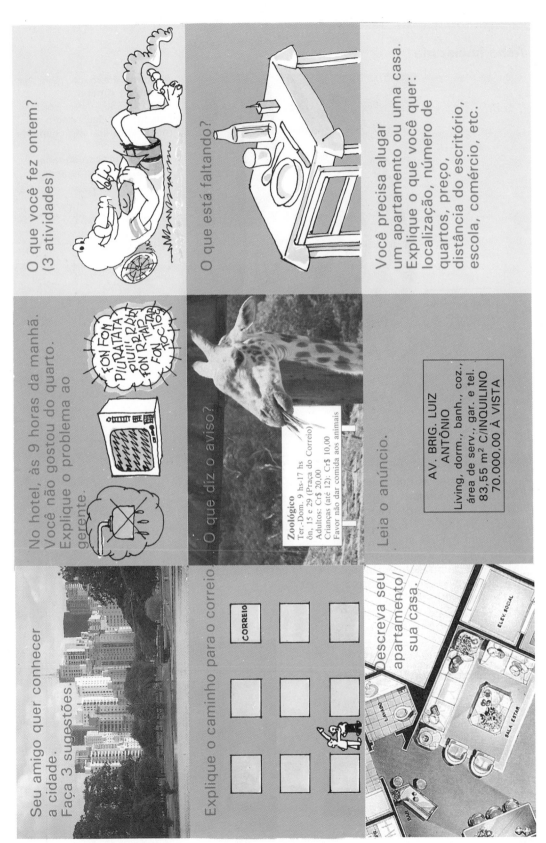

Lição 7

A1 Acho lindíssimo

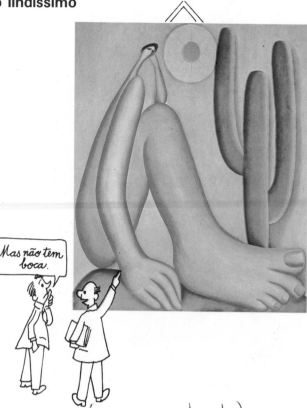

Abapuru, 1928
Tarsila do Amaral.
1890-1973.
Quadro que deu origem ao movimento literário chamado Antropofágico.
Provocou grande agitação cultural no fim dos anos 20.

música
caetano veloso

→ *pés descalços (sin sapatos)*

Mas não tem boca.

- ○ Este quadro é muito esquisito! *= estranho)*
- ● Eu acho genial. É muito interessante.
- ○ Não entendo nada de pintura, mas acho muito estranho. Olhe que pernas e pés enormes! Você viu o braço e a mão como são grandes? E a cabeça é minúscula.
- ● Mas é um quadro moderno.
- ○ Tudo bem, eu sei que é moderno. Mas não gosto. Acho feio.
- ● Mas eu acho lindíssimo. Olhe direito. O corpo é longo e liso. *smooth* No rosto só se vêem os olhos e o nariz. É tão interessante...
- ○ Mas não tem boca...

Descreva os quadros e dê sua opinião.

O Meia Três

O Banho

Carybé, *1911-1997 Lanús, Argentina.
Pseudônimo de Hector Julio Páride Bernabó, pintor e ilustrador argentino naturalizado brasileiro.
Atualmente vive na Bahia, fonte de inspiração de suas obras.

1. Observe a foto e complete o que falta.

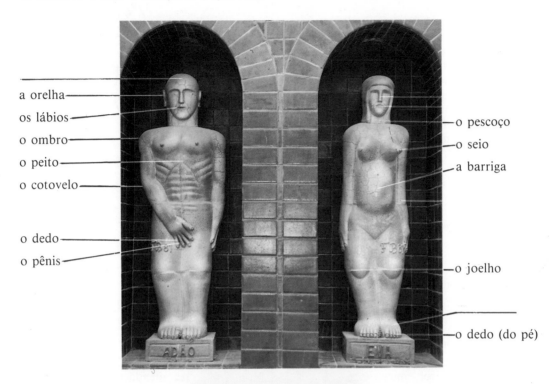

a orelha

os lábios

o ombro

o peito

o cotovelo

o dedo

o pênis

o pescoço

o seio

a barriga

o joelho

o dedo (do pé)

2. Descreva esta escultura.

3. O que você acha das esculturas?

Francisco Brennand *1923, Recife.

Escultor brasileiro pernambucano. Seu ateliê, um antigo engenho de açúcar, compõe o cenário ideal para a apreciação de suas gigantescas e monstruosas peças de cerâmica.

A3 Será que vou ter um enfarte?

○ O sr. não tem nada grave por enquanto.
   É só uma gripe.
● Mas doutor, ando com muita dor de
   cabeça, dor nas costas. Ando muito
   cansado ultimamente.
○ O sr. está muito nervoso e fuma demais!
   Isto não é bom.
● Estou com febre, doutor. Estou
   preocupado com o coração. Será que
   vou ter um enfarte?
○ Muito bem, vou lhe explicar qual é a
   sua "doença": o sr. está pesando 86
   quilos. Para 1 metro e 70 de altura, o
   sr. está gordo demais. O sr. tem que
   fazer regime.
● E o coração?
○ O sr. precisa parar de fumar. E tem
   mais, tem que fazer ginástica.
● Mas...
○ Vou lhe dar um remédio para a gripe e
   também uma dieta. Nada de sal, açúcar
   e gorduras em excesso. Senão vai piorar.

1. Complete com informações do texto.

problemas	recomendações
	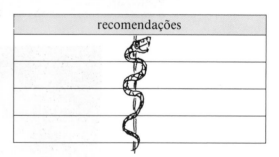

2. Fale com seu/sua colega.

Ando triste
   preocupado, a.
   cansado, a.

Estou com dor de cabeça..
   de estômago..
   de dente.
   nas costas.
   no pé.
   febre/tosse/gripe.

Estou resfriado.

O senhor A senhora Você	tem que precisa	tomar remédio. ficar em casa. parar de fumar. beber menos. ir ao médico. ir ao dentista. trabalhar menos. ...

o Então Arlindo, melhorou da gripe?
● Que nada! Estou péssimo. É o regime.
  Esse médico quer me matar de fome.
o Calma, no começo é sempre assim.
  Depois você se acostuma.
● Isso é o que você pensa. Já faz uma
  semana e não emagreci nem um quilo.
o Você tem que ter paciência. Uma
  semana é muito pouco.
● Mas eu não agüento de fome. Estou
  fraco, estou passando mal. Vamos
  comigo na churrascaria?
o Ah não! Sinto muito.
● Droga! *$§*&!
o Coitado! Espero que fique bom logo.

Você melhorou?
Você sarou?
Você está bem?
Você está melhor?

Estou bem/melhor/ótimo.
        mal/péssimo.

Ainda estou...

7

Estimo suas melhoras.
Espero que fique bom logo.

Verbo irregular *ver* B1

	Presente		Pretérito perfeito
Eu	— vejo	—	*Eu vi*
Você			
Ele/Ela	> vê	>	*viu*
Nós	— vemos	—	*vimos*
Vocês			
Eles/Elas	> vêem	>	*viram*

No pretérito perfeito, o verbo
ver é conjugado como *partir*,
sair etc. Complete você
mesmo a tabela.

1. Faça frases.

Nós		Pedro na praia
Tião e Zé		o filme ontem.
Eu	ver	o jornal de hoje?
Você		minhas amigas
Tânia		todos os dias.
		Paula hoje?

2. Fale com seus/suas colegas.

Que programas você vê na televisão?
Que filmes brasileiros você já viu?
Vocês viram o show...?
              a peça...?
              o concerto...?
              o quadro...?

69

B2 Pronomes pessoais *lhe, lhes*

O professor explica o exercício
para você/ele/ela
a você/ele/ela   ⟩ O professor **lhe** explica o exercício.

Eu dou meu endereço
para vocês/eles/elas ⟩ Eu **lhes** dou meu endereço.
a vocês/eles/elas

Complete.

Onde estão o Zé e o Paulo? Eu quero _____ mostrar as fotos.

Paula, posso _____ fazer um cafezinho?

Moças, posso _____ pagar uma caipirinha?

O Juca e a Zélia estão em Belém. Eu _____ escrevi ontem.

A Mara está doente. O médico _____ deu um remédio para tomar.

João, eu _____ telefono amanhã.

B3 Superlativo absoluto

Este restaurante é **muito caro** ⟶ Este restaurante é **caríssimo**.

caro	- caríssimo	bom	— ótimo
lindo	- lindíssimo		
difícil	- dificílimo	mau	
fácil	- facílimo	ruim	⟩ péssimo
agradável	- agradabilíssimo		
confortável	- confortabilíssimo		

Complete.

Vou comprar este quadro. É ...
Você precisa ler este livro. Ele é ...
Não gosto do hotel. ...
Você precisa conhecer Júlio. ...
Gosto da cadeira. ...
Você tem que ver este filme. ...
Vou me sentar nessa poltrona. ...

Meu amigo: é um carro moderníssimo, novíssimo, resistentíssimo, confortabilíssimo, rapidíssimo, o melhor do gênero e é baratíssimo.

- o pé	- os pés	- a mão	- as mãos	- o jornal	- os jornais
- o dente	- os dentes	- o coração	- os corações	- agradável	- agradáveis
- a cadeira	- as cadeiras	- o pão	- os pães	- o lençol	- os lençóis
- bonito	- bonitos	- alemão	- alemães	- azul	- azuis
- o homem	- os homens	- o nariz	- os narizes	- o lápis	- os lápis
- bom	- bons	- feliz	- felizes	- o ônibus	- os ônibus
		- o cantor	- os cantores	- simples	- simples
		- o mês	- os meses		
		- inglês	- os ingleses		
[o]	[ɔ]	- civil	- civis	- útil	- úteis
- o olho	- os olhos	- gentil	- gentis	- difícil	- difíceis
- o corpo	- os corpos				
- novo	- novos				

1. Inventário. Quantos há na sua classe?

b) engenheiro, médico, professor, dona-de-casa,...

2. Fale com sua/seu colega.
   Descreva a sua casa.

sala, quarto, banheiro, mesa, ...
prático, grande, bonito, claro, ...

A minha casa tem uma sala clara, dois banheiros bonitos...

Paulo está muito gordo.   • Ele tem que fazer regime.
Sandra está doente.   • Ela tem que ficar na cama.

O que você tem que fazer? Fale com seu colega.

Você quer aprender português.   Você quer mudar a decoração da sua casa.
Você está sem dinheiro.   Você quer organizar uma festa.

loiro—blonde (handwritten)

C Características

○ O que você acha do homem nesta foto?
● Espere. Deixe-me ver melhor. É um homem de 35 anos. Talvez um pouco mais. É meio gordo. O cabelo dele é castanho, mas ele é careca. Os olhos são castanhos também.
○ Como você acha que ele é? Inteligente?
● Claro. Inteligente e alegre. Um homem aberto, muito comunicativo e ativo.
○ Nervoso?
● Não, de jeito nenhum. Ele parece calmo, otimista...
○ Tímido?
● Também não.
○ Esportivo?
● Não. Esportivo não. Eu acho que no clube, em vez de jogar futebol ou nadar, ele prefere ficar sentado no restaurante, bebendo e conversando com os amigos. Gosto do jeito dele. É um homem simpático.

de jeito nenhum — no way (handwritten)

1. E você? O que acha? O homem da foto é

inteligente
alegre ←→ triste
aberto/comunicativo ←→ fechado/reservado
calmo ←→ nervoso
otimista ←→ pessimista
tímido ←→ desembaraçado
esportivo
intelectual
prático
complicado
simpático ←→ antipático
liberal ←→ conservador
formal ←→ informal
ativo ←→ preguiçoso
sensual...

2. Escolha em casa algumas fotos de revistas e caracterize as pessoas fotografadas. Mostre-as a seus/suas colegas e conversem sobre elas.

3. Jogue com seus/suas colegas. Escolha uma pessoa famosa, mas não diga o nome dela. Apenas escreva o nome numa folha de papel. Seus colegas vão fazer perguntas, tentando adivinhar quem é.

Exemplo: É um homem?
          É americano?
          É político?...

Pelé
ex-jogador de futebol

Caetano Veloso
cantor

1. Leia o texto e escolha o título.

As garotas de Ipanema.

Ipanema: charme e exercícios.

Tai-Chi-Chuan carioca.

Nenhuma academia é perfeita. Mas imagine que uma seja bem freqüentada, ofereça uma grande variedade de modalidades esportivas, tenha horários flexíveis e ambiente agradável e, além de tudo, seja completamente gratuita. Essa academia existe e é exclusiva dos cariocas: Ipanema. A praia é um convite à atividade física. Não é preciso nada mais do que iniciativa própria para praticar surfe e natação no mar e frescobol na areia. Também há aulas de ginástica. São dadas por professores todos os dias úteis e em dois turnos: das 7 às 8 e das 8 às 9 da manhã. Para entrar, basta preencher uma ficha e apresentar um exame médico. Além do vôlei e do futebol, o grande charme de Ipanema é o Tai-Chi-Chuan, praticado na Praça Nossa Senhora da Paz. Nada melhor para quem busca concentração e paz, antes ou depois da praia. E você não paga nada!

2. Quanto custa praticar esportes na praia?
3. Que esportes são mencionados no texto? Você pratica algum?

loga ? D2

Ouça a fita. Toque a parte do corpo mencionada.

E1 Cabelo azul?

Relacione.

o braço	estreito, a
as pernas	alto, a
as costas	comprido,a
a cabeça	grosso, a
a mão	pequeno, a
os pés	grande
o nariz	azul
o queixo	quadrado, a
o cabelo	castanho, a
os olhos	fino, a
a boca	direito, a
a testa	loiro, a
o pescoço	liso, a
as orelhas	esquerdo, a
os ombros	curto, a
	largo, a
	crespo, a — *curly*
	estreito, a

pontudo

Exemplo:

braço → fino
grosso
direito
esquerdo
comprido
curto

E2 Jogo das diferenças

Só uma das pessoas é igual à primeira.
Qual? Por que as outras são diferentes?

liso/streingt

O queixo é grosso

fino

74

Você concorda ou não concorda?   A1

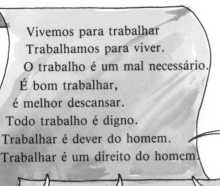

Vivemos para trabalhar
Trabalhamos para viver.
O trabalho é um mal necessário.
É bom trabalhar,
é melhor descansar.
Todo trabalho é digno.
Trabalhar é dever do homem.
Trabalhar é um direito do homem.

Está errado!

Concordo!   *Não concordo!*   *Está certo!*

trabalho *sm.* **1.** Aplicação das forças e faculdades humanas para alcançar um determinado fim. **2.** Atividade coordenada, de caráter físico e/ou intelectual, necessária à realização de qualquer tarefa, serviço ou empreendimento. **3.** Trabalho (2) remunerado ou assalariado; serviço, emprego. **4.** Local onde se exerce essa atividade. **5.** Qualquer obra realizada. **6.** Esforço incomum; luta, lida. **7.** *Bras.* V. *bruxaria.*

Na minha opinião...   A2

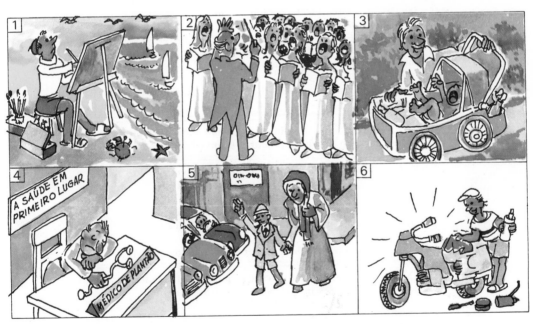

Discuta com seu/sua colega.
O que é trabalho? O que não é?

Como não?...

É isso mesmo!

Para mim o número 1 não é... porque...

Mas eu acho que não!

Acho que sim!

Na minha opinião o número 2... porque...

Claro!   *Lógico!*   *Desculpe, mas não é bem assim...*

A3 Os direitos dos trabalhadores

Aqui estão algumas passagens da Constituição Brasileira de 1988.

1. Procure estes números no texto. Sublinhe-os.

120   44   18   14   8   13.º   1/3

CONSTITUIÇÃO
REPÚBLICA FEDERATIVA DO BRASIL
1988

Capítulo II
dos direitos sociais

Art. 7º: São direitos dos trabalhadores urbanos e rurais, além de outros...:

IV — salário mínimo, fixado em lei, nacionalmente unificado, capaz de atender a suas necessidades vitais básicas e às de sua família com moradia, alimentação, educação, saúde, lazer, vestuário, higiene, transporte e previdência social...:

13º

VIII — décimo terceiro salário com base na remuneração integral ou no valor da aposentadoria;

IX — remuneração do trabalho noturno superior à do diurno;

XIII — duração do trabalho normal não superior a oito horas diárias e quarenta e quatro semanais...

XVII — gozo de férias anuais remuneradas com, pelo menos, um terço a mais do que o salário normal;

XVIII — licença à gestante, sem prejuízo do emprego e do salário, com a duração de cento e vinte dias;

XIX — licença-paternidade, nos termos fixados em lei;

XXIII — adicional de remuneração para as atividades penosas, insalubres ou perigosas na forma da lei;

XXIV — aposentadoria;

XXVII — proteção em face da automação na forma da lei;

XXX — proibição de diferença de salários, de exercício de funções e de critério de admissão por motivo de sexo, idade, cor ou estado civil;

XXXIII — proibição de trabalho noturno, perigoso ou insalubre aos menores de dezoito anos e de qualquer trabalho a menores de quatorze anos salvo na condição de aprendiz;

2. Trabalhe com seu dicionário. A que se referem os números?

120 se refere às mulheres que vão ter um filho. Elas podem ficar 120 dias sem trabalhar, ganhando o mesmo salário.

3. Para você, quais destes direitos são muito importantes? Quais não são?

Eu acho importante ter férias todo ano porque...

Eu não acho importante...

4. Os direitos fundamentais dos trabalhadores brasileiros são muito diferentes dos direitos dos trabalhadores de seu país?

5. No Brasil é grande a diferença entre o texto da Constituição e a realidade. E no seu país?

6. Trabalhe com seus/suas colegas. Que outros direitos podem tornar o trabalho mais agradável?

A4 A vida da mulher: Antigamente era melhor?

Pressão dobrada:
no escritório, o chefe;
em casa, a família

(no passado)
Antigamente era melhor!
A mulher ficava em casa
e cuidava só da família.

○ O que você acha disso?
● Eu não concordo. Acho que antigamente a vida da mulher
   era mais difícil. A mulher trabalhava...

Trabalho dobrado:
trabalho no escritório.
Depois, mais trabalho em casa.

Antigamente era melhor:
a mulher tinha mais tempo.

Tensão, tensão, tensão!
A mulher compete com os homens
e com as outras mulheres.

Antigamente a mulher era mais
feliz.

Qual é a sua opinião?

78

1. Verbos regulares em -ar, -er, -ir

	trabalhar	viver	assistir
Eu	— trabalhava	— vivia	— assistia
Você Ele/Ela	> trabalhava	> vivia	> assistia
Nós	— trabalhávamos	— vivíamos	— assistíamos
Vocês Eles/Elas	> trabalhavam	> viviam	> assistiam

2. Verbos irregulares

	ser	ter
Eu	— era	— tinha
Você Ele/Ela	> era	> tinha
Nós	— éramos	— tínhamos
Vocês Eles/Elas	> eram	> tinham

No pretérito imperfeito só há 4 verbos de forma irregular. Você já conhece 2 deles: *ser* e *ter*.
Os outros 2, *vir* e *pôr* você vai aprender na Lição 9.

8

Rotinas no passado   B2

1. Relacione.

Quando eu era criança
Quando ele morava no Rio
Toda 6.ª feira nós saíamos do trabalho
Eles sempre dormiam tarde
Antigamente ela recebia muitas cartas

e íamos tomar cerveja..   *iate*
e chegavam atrasados.
passava as férias na fazenda.   *campo*
mas não as lia.
ia à praia todos os dias.

2. Fale sobre sua infância.

Exemplo: Quando era criança, eu brincava de boneca.

morar em...
andar de bicicleta
ler história em quadrinhos
assistir televisão   *hide 'n seek*
brincar de esconde-esconde/
        médico/casinha/
        cowboy e índio
jogar futebol/ ...

B3   Descrição no passado

1. Observe os exemplos.

Ele entrou na sala.
As janelas estavam fechadas
e a sala estava escura.
O silêncio era total.
Ele abriu o cofre.
Estava vazio. O dinheiro não estava
mais lá.
Ele chamou a polícia.

2. Trabalhe com sua/seu colega.

Seu vizinho foi assassinado ontem à noite. Você estava em casa e não ouviu nada. Responda as perguntas da polícia.

Investigação policial

Você viu alguém?
Onde você estava?
O que você estava fazendo?
Você ouviu algum barulho?
Como era seu vizinho?
Você o viu ontem?
Você o conhecia bem?
Fale sobre a rotina dele.
Ele recebia muitas visitas?

B4   Duas ações no passado

1. Observe o exemplo:

Quando cheguei, ela estava telefonando.

| Quando eu cheguei |

ela estava telefonando.

2. Pretérito imperfeito ou perfeito?
   Complete as frases.

As salas _____ (estar) vazias quando nós _____ (chegar).

Quando você me _____ (chamar), _____ (estar) ouvindo rádio.

Ela não _____ (receber) a resposta que _____ (esperar).

Quando eu _____ (abrir) a porta do quarto, eles ainda _____ (estar) dormindo.

Duas ações longas no passado   B5

1. Observe o exemplo.

Enquanto ela cuidava
das crianças, ele
lavava os pratos.

ela cuidava das crianças

enquanto —— *while*

ele lavava os pratos

2. Faça frases.

trabalhar	viajar	buscar as crianças
assistir televisão	ficar em casa	fazer almoço
falar	dirigir o carro	trabalhar
ler o jornal	ouvir música	gastar dinheiro

Fale sobre suas últimas férias   B6

Exemplo: Nas últimas férias fui para...,   fazia muito calor. ...

Pretérito perfeito	Pretérito imperfeito
ir para ficar... dias (hotel/casa/...)	fazer calor ter muita/pouca gente hotel bom/ruim casa grande/pequena/confortável/...
conhecer muita gente	pessoas simpáticas/antipáticas/ interessantes/chatas
(não) fazer muita coisa	sair todas as noites/ficar em casa/ ouvir música/ler/jogar cartas
fazer passeios interessantes/chatos	

Números ordinais   B7

1º primeiro	1ª primeira	10º décimo	10ª décima
2º segundo	2ª segunda	11º décimo-primeiro	11ª décima-primeira
3º terceiro	3ª terceira	12º/ 12ª décimo/a-segundo/a	
4º quarto	4ª quarta	13º/ 13ª décimo/a-terceiro/a	
5º quinto	5ª quinta		
6º sexto	6ª sexta	Continue.	
7º sétimo	7ª sétima		
8º oitavo	8ª oitava	20º/ 20ª vigésimo/a	
9º nono	9ª nona	21º/ 20ª vigésimo/a-primeiro/a	

C1 Admissão

Empresa de grande porte no ramo de vestuário masculino está admitindo

Assistente de Vendas

Requisitos: formação em Administração, Marketing ou similar, disponibilidade para viagens. Damos preferência a quem já tenha experiência na área de vendas. Os interessados devem enviar Curriculum Vitae aos cuidados deste jornal com a sigla PLAV.

A empresa recebeu as seguintes fichas:

Nome: Edna Fontoura

Idade: 25 Est. Civil: solt.

Formação: Adm. de Empresas/GV

Experiência: nenhuma (recém-formada)

Comentários: muito inteligente, tímida, dinâmica

Nome: Paulo Frontin

Idade: 29 Est. Civil: solt.

Formação: Marketing

Experiência: 5 anos (2 como ass. de vendas)

Comentários: agressivo, dinâmico

Nome: Clarice Nunes

Idade: 33 Est. Civil: cas.

Formação: Marketing

Experiência: 7 anos (5 em vendas)

Comentários: calma, dinâmica, segura

Discuta com seu/sua colega e ajude a selecionar um candidato.

Acho que... é muito importante.
Ela é mais jovem.
Isto é um problema.

Talvez, mas...
Não é verdade.

C2 Seu trabalho

Entreviste seu/sua colega, depois conte para a classe.

— Onde você trabalha?
— Qual é a sua profissão?
— Quanto tempo faz que você trabalha?
— Quantas horas por dia você trabalha?
— Quais são as atividades típicas do dia-a-dia?
— Gosta de seu trabalho?

carreira?   salário bom?   colegas?

promoção   férias?   ...?   chefe?

local de trabalho		
escritório	indústria	loja
escola	casa	hospital
banco	...	

horário de trabalho	
meio período	horário flexível
período integral	horário fixo

profissão/ocupação	
dona de casa	técnico em eletrônica
operário	engenheiro
vendedor...	comerciante

trabalho na área de vendas/ informática/confecções/...

1. Leia o texto e escolha um dos títulos.

COMO ENCONTRAR UM EMPREGO
MEU PRIMEIRO EMPREGO
O TRABALHO DA MULHER

No Brasil, de 1970 a 1985, triplicou o número de mulheres que se perguntaram: "Será que sei apenas ficar em casa e cuidar dos filhos?" — e foram à luta por um emprego. Hoje, embora muitas tenham voltado para casa, descobrindo o que realmente queriam, as mulheres são responsáveis por mais de 50% da força de trabalho do país. Foi ao encontrar o primeiro emprego que muitas mulheres começaram a se conhecer melhor.

O primeiro trabalho realmente profissional de Ana foi fazer um ...prédio! Ana é arquiteta, formada há um ano e meio. Mas quando recebeu aquela primeira tarefa, o edifício central das lojas Cacique no Rio de Janeiro, ela tremeu. Foi na relação com seus subordinados, os operários da construção que ela mais

Ana Paula S. Rodrigues, 27

sofreu desafios. "Eles vivem uma realidade que eu não conhecia. Me ensinaram a ser mais criativa." Um dia, Ana teve que demitir um empregado, que depois a ameaçou de morte. "Mandei chamá-lo na hora. Conversamos, vi que ele estava magoado, mas continuou demitido. Comecei a ver que eu não era tão frágil e achei isso ótimo.

Ser gerente de contas no Banco de Tóquio não foi a primeira chance na vida de Margarida. Formada em Desenho Indus-

trial, ela rapidamente descobriu que não queria nada daquilo. "Larguei tudo e fui estudar economia. Desde então sempre quis trabalhar no Banco de Tóquio. Ambiciosa, prática e ansiosa, Margarida fez todos os

Margarida Suzuki Teixeira, 31

cursos de inglês e Computação que pôde e conseguiu o emprego. Margarida fez tanto sucesso que as promoções vieram logo. Mas, mesmo assim, restou um problema: "Sinto que muitos clientes tradicionais imaginam que seu gerente deve ser um homem maduro e não uma garota. Mas eu resolvo isso", acredita.

8

2. Qual é a resposta correta?
☐ Mais de 50% das mulheres trabalham.
☐ Mais de 50% das pessoas que trabalham são mulheres.
☐ Mais de 50% das mulheres que começaram a trabalhar voltaram para casa.

3. Relacione as informações abaixo a Ana ou a Margarida.
arquiteta
trabalha num banco
mudou de profissão
tem problemas no trabalho por ser mulher
fala de seu primeiro emprego
teve problemas com pessoas que trabalham com ela

Ana
Margarida

4. Fale com seus/suas colegas.
— Se você trabalha, lembra-se ainda de problemas no seu primeiro emprego?
— Como é o trabalho da mulher no seu país? Elas são aceitas em qualquer profissão? Ganham tanto como os homens?

D2

O nosso tema de hoje é a greve.

strike

1. Ouça o texto. Tente entender o significado da palavra 'greve'.

2. Ouça o texto novamente e responda às perguntas:

A greve é dos
- ☐ trabalhadores nas fábricas.
- ☐ motoristas e cobradores.
- ☐ donos das empresas.

A principal causa da greve é
- ☐ o trânsito terrível.
- ☐ os ônibus velhos.
- ☐ os salários baixos.

3. Quem são os culpados pela greve?

E   Definições

1. Trabalhe com sua/seu colega. Relacionem.

preliminary warning

aviso prévio

resign

pedir demissão

part-time

meio período

aposentar-se

retire

Você trabalha diariamente das 8 ao meio dia.

Depois de 30-35 anos de trabalho, você pára de trabalhar e passa a receber uma pensão.

Você vai perder o emprego. A companhia avisa você um mês antes

Você não quer mais trabalhar para sua firma. Você anuncia que vai deixar o emprego.

parrot

O papagaio é um pássaro arrogante e que fala demais...

company

2. Trabalhe com sua/seu colega. Usando o exercício 1, acima como modelo (e o dicionário se necessário), explique o que é:

receber o 13.º salário   dar licença remunerada

trabalhar em período integral   ter férias remuneradas

demitir um funcionário   adiantamento de salário

work / trabalhar

D&B Modas
LIQUIDAÇÃO DE VERÃO

VENHA CONHECER NOSSOS PREÇOS

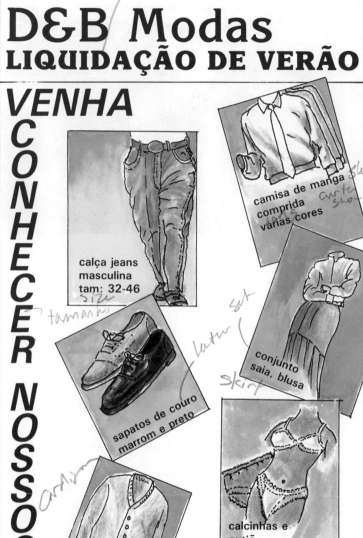

calça jeans masculina
tam: 32-46

camisa de manga comprida
várias cores

sapatos de couro
marrom e preto

conjunto
saia, blusa

gravatas lisas
e listradas

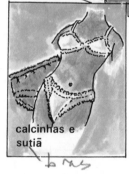

calcinhas e
sutiã

camiseta masc.
fem. - verde,
azul, preta

malha

meias e
cuecas

cor	material	outras características
preto/a	de seda	liso/a
branco/a	de lã	listrado/a
cinza	de algodão	xadrez
verde	de linho	estampado/a
azul	de couro	
vermelho/a	de fibras	
amarelo/a	sintéticas	Descreva a roupa de
marrom		suas/seus colegas.
claro/a		
escuro/a		

9

- Posso ajudá-la?
- Eu gostaria de ver o conjunto do anúncio.
- Pois não. Seu tamanho é 42?
- Não, 44. Tem em verde?
- Olha, verde não tenho mais, mas este azul claro fica muito bem na senhora.
- Não sei. Posso experimentar?
- Claro. O provador é ali à esquerda. Fique à vontade.
  ...
- Gostei do conjunto. Vou levá-lo.
- Mais alguma coisa?
- Não obrigada, só o conjunto.
- Pois não. Vai pagar em dinheiro ou em cheque?
- Com cartão.
- Pode pagar ali no caixa. Muito obrigada.

Trabalhem em pares.
Você quer comprar roupa, mas a loja não tem exatamente o que você quer.
Pergunte também o tamanho e o preço.

Você quer	A loja tem
calça cinza	calça marrom
gravata listrada	gravata lisa
blusa de manga comprida	camiseta estampada
saia de algodão	saia de linho

○ Sábado tem um churrasco na casa da Márcia. É a primeira vez que vou num, e não sei que roupa pôr.

● Normalmente churrascos são muito informais. Você poderia usar um jeans e uma camiseta ou uma camisa esporte.

○ Você tem certeza? A Márcia anda sempre tão elegante.

● Não se preocupe. Em churrasco a gente vai bem à vontade.

	masculino	feminino
cotidiano	o terno a calça a camisa o paletó	o vestido a saia a blusa
esporte	a camiseta o jeans o short o maiô	a camiseta o jeans o short o biquíni o maiô
acessórios	os sapatos o tênis a meia o cinto a gravata o anel o lenço	os sapatos (de salto alto) o tênis a meia o cinto a bolsa o brinco o colar a pulseira o anel

1. O que você veste para
- ir trabalhar?
- ir à praia?
- em casa?

Em casa eu visto...

2. O que você vestiria para
- um casamento?
- um piquenique?
- um coquetel?

Num casamento eu vestiria...

Nunca fui num coquetel. O que você vestiria?

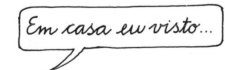

Luiz Carlos Lima   Arno Bender
Emma Eberlein de O. F. Lima   Adila Bender

sentem-se felizes em convidar para o casamento de seus filhos

Ana Luísa   e   Alvaro

que se realizará às onze horas do dia vinte e oito de julho
de mil novecentos e noventa,
na Igreja Matriz São Sebastião Mártir - Venâncio Aires,
Após a cerimônia, os noivos terão satisfação em receber os
convidados na Sociedade de Leituras.

Rua Mal. Hastimphilo de Moura, 338   Rua General Osório, 1069
Portal do Morumbi - Ed. Castanheira 16 B   Venâncio Aires - RS
São Paulo - SP
R.S.V.P. (051) 741-1338 - 741-2348

(handwritten at top) pôr-la
não a pôs.

B1   Verbo irregular *pôr*

	Presente	Pretérito perfeito	Pretérito imperfeito
Eu	– ponho _(handwritten: põs)_	– pus	– punha
Você		_(handwritten: puseste)_	_(handwritten: punhas)_
Ele/Ela	> põe	> pôs	> punha
Nós	– pomos	– pusemos	– púnhamos
Vocês			
.Eles/Elas	> põem	> puseram	> punham

1. Complete com as formas do presente.

o Você põe seu dinheiro no banco?

• _____

o E seu irmão também põe?

• _____

o Vocês põem dinheiro no banco todo·mês?

• _____

o E seus pais põem?

• _____

o Quanto dinheiro vocês já puseram nas suas contas?
• Pare com isso, pelo amor de Deus!!

2. Complete com as formas do pretérito perfeito. _(handwritten: Punk your bell)_

o Você pôs as roupas na mala?

• _____

o E a Mariana pôs a mala no carro?

• _____

o Vocês puseram os livros na mala também?

• _____

o E as crianças? Elas também puseram a bagagem delas no carro?

• _____

o Então vamos.

3. Complete com as formas do pretérito imperfeito.

o Antigamente você punha gravata para trabalhar?

• _____

o Vocês punham gravata aos domingos também?

• _____

o Verdade? Então os homens sempre punham gravata?

• _____

4. Trabalhe com seus/suas colegas.

Exemplo: o Vocês põem açúcar no café?
        • Pomos

* Você pôs dinheiro no banco ontem?
* Eles puseram vinho na geladeira?
* Eles põem gelo na Coca?
* Vocês puseram as cartas no correio?
* Você sempre põe o carro na garagem?
* Antigamente você punha paletó aos domingos?
* Vocês punham uniforme na escola?

B2   Verbo irregular *vir*

	Presente	Pretérito perfeito	Pretérito imperfeito
Eu	– venho	– vim	– vinha
Você	_(handwritten: vens)_	_(handwritten: vieste)_	_(handwritten: vinhas)_
Ele/Ela	> vem	> veio	> vinha
Nós	– vimos	– viemos	– vínhamos
Vocês			
Eles/Elas	> vêm	> vieram	> vinham

88

1. Complete com as formas do presente.

o Você vem de ônibus?
● _____
o Sua esposa vem com você?
● _____
o As crianças também vêm?
● _____
o Vocês vêm de manhã?
● _____

2. Complete com as formas do pretérito perfeito.

o Você veio trabalhar ontem?
● _____
o Alguém mais veio?
● _____. O João e a Zélia.
● _____
o Vocês vieram cedo?
● _____

3. Complete com as formas do pretérito imperfeito.

o Antigamente vocês _____ sempre aqui para o clube?
● _____
o E seu pai também _____ ?
● _____

4. Formem frases completas.

Exemplo: Nós não viemos à aula na semana passada.

Eles		ontem aqui.
Eu nunca		aqui aos sábados.
Você		, mas não me encontraram.
Ninguém	vir	comigo ontem.
Vocês		à aula na semana passada.
Nós		muito aqui antigamente.
A gente		porque não tivemos tempo.
Nós não		aqui porque era longe sem carro.

ir e vir **B3**

o Cadê você?
● Aqui na sala.
o Vem cá! Preciso falar com você.
● Já vou.

Eu vou para lá ⟶ ⟶ ⟶ ⟶ ⟶ ▶ ▶ ▶
aqui/cá   **aí ⟶ ali ⟶ lá**
◄ ◄ ⟵ ⟵ ⟵ ⟵ ⟵ ác arap mev êcoV

(handwritten annotations at top:) PETAS a Primavera / o Verão / o Outono o Inverno

1. Trabalhe com sua/seu colega.

Exemplo: o Quando você vem aqui?
    • Eu vou aí amanhã.

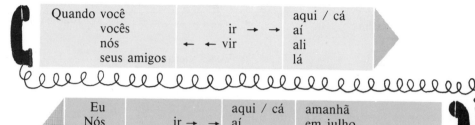

| Quando você
vocês
nós
seus amigos | ir → →
← ← vir | aqui / cá
aí
ali
lá | |

| Eu
Nós
Eles | ir → →
← ← vir | aqui / cá
aí
ali
lá | amanhã
em julho
depois-de-amanhã
na semana que vem |

2. Faça frases.

| No verão eu sempre
Eles sempre
Ontém nós
Nosso chefe | ir → →
← ←vir | aqui me visitar
à praia do Lázaro, porque gosto de lá.
mais cedo hoje, porque temos muito trabalho.
à casa da Vanuza para jantar. |

B4   Verbo irregular *vestir-se*

	Presente	Pretérito perfeito	Pretérito imperfeito
Eu (me) Você (se) Ele/Ela (se)	— visto _visto-me_ _tu_ > _veste_ _vistes-te_ veste _veste-se_	_____ _____ _____	_____ _____ _____
Nós (nos) Vocês (se) Eles/Elas (se)	— vestimos _vestimo-nos_ > vestem _vestem-se_	_____ _____ _____	_____ _____ _____

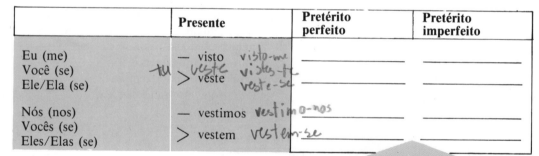

As formas do pretérito perfeito e do pretérito imperfeito são regulares. Complete você mesmo.

vestir-(se)

Eu visto terno e gravata para trabalhar.
Eu me visto depressa de manhã.

2. Quando você era criança o que você vestia?

3. Entreviste seu/sua colega.

Onde você se veste de manhã?
Você se veste depressa ou com calma?
Você se veste antes ou depois do café?
O que você veste no verão/no inverno...?
O que você vestiu ontem à noite?
O que você não gosta de vestir?

dizer digo dizemos
dizes
diz dizem

Conditional

Formas regulares			fazer
Eu		– ia	– faria
Você			farias
Ele/Ela	Infinitivo +	> ia	> faria
Nós		– íamos	– faríamos
Vocês			
Eles/Elas		> iam	> fariam

No futuro do pretérito só há 3 verbos irregulares. Você já conhece *fazer*. Os outros 2, *trazer* e *dizer*, você vai aprender na lição 10.

Exemplo: Gostaria de ver esta blusa.

Imagine.

1. Você ganhou muito dinheiro na loteria. O que você faria?

viajar
não trabalhar
ajudar
ter grandes problemas
investir em
fazer muitas festas
pôr no banco
...

2. Com um ano de férias, o que você faria?

3. Na Itália, o que você faria?
       África...
       China...
       Índia...
       Amazônia...
No Brasil...
Entre os índios...

9

91

B6 Futuro ~~do presente~~

Condicional

Formas regulares		
Eu		— ei
Você		> á
Ele/Ela	infinitivo +	
Nós		—·emos
Vocês		> ão
Eles/Elas		

fazer
— farei *farás*
> fará
— faremos
> farão

No futuro do presente há apenas 3 verbos com forma irregular. Você já conhece *fazer*. Os outros 2, *trazer* e *dizer*, você vai aprender na lição 10.

Exemplo: A loja abrirá às 9h.

1. Leia o convite em A2 e os anúncios ao lado. Marque as formas do futuro do presente.

2. Responda as perguntas.

a) O convite
— Onde vai ser o casamento?
— A que horas vai ser?
— O que vai acontecer depois da cerimônia religiosa?

b) Os cursos
— Que cursos de inglês a Associação Alumni vai desenvolver?
— Onde vai ser o curso de pinturas sobre seda?
— Quantas pessoas vão ter os grupos de micro-informática?
— Em que horários vai ser o curso?

Cursos

■ **Cursos de inglês** — A Associação Alumni desenvolverá diversos programas especiais para alunos de língua inglesa, como o Comunicando-se em Inglês. Gramática Intermediária, Gramática Adiantada, Prática de Pronúncia, Redação Comercial, e um workshop de Redação. Matrículas até o dia 21. Mais informações na Alameda Ministro Rocha Azevedo, 413, em Cerqueira César.

■ **Pintura sobre seda** — A artista plástica Eneida Brotero estará dando um curso sobre pintura em seda na Rua Afonso Celso, 1.699, na Vila Mariana. Informações no local.

■ **Micro-informática** — O Grupo de Assessoria, Treinamento e Informática vai realizar, a partir do dia 21, o curso Introdução à Micro-Informática. As turmas terão, no máximo, quatro alunos. O curso será nos períodos da manhã, tarde e noite. Mais informações na Avenida Paulista, 2.001, conjunto 1.613, telefone (011) 289-6646.

C No Brasil é diferente ... ou será que não?

No Brasil costumamos chegar mais ou menos 30 minutos depois do horário do convite. Nunca chegamos antes da hora marcada. E no seu país?

Um atraso de 15 minutos é normal no Brasil. Quanto tempo você espera?

Em festas, reuniões, churrascos etc. (mas **não** em jantares) em geral ninguém se importa se você leva mais alguém (namorado/a, amigo/a...)

Muitas vezes as visitas trazem pequenos presentes: flores para a dona-de-casa, vinho para o homem, chocolate para as crianças.

Festas, jantares etc. normalmente começam e acabam tarde. Muitas vezes o café ou o fim da música na festa sinalizam o final da visita. Como você sinaliza o fim da visita? Como você decide a hora de ir embora?

Convites sem especificação de tempo como: "Passa lá em casa." "Aparece em casa" ou "Vamos tomar um café lá em casa qualquer dia", não são realmente convites.

Como mudam as regras de comportamento nas diferentes regiões de seu país? E em diferentes grupos sociais, níveis de idade etc.?

1. Ouça o diálogo e identifique a tia.

2. Marque com X a resposta correta.

a) Como é o nome da pessoa que vai chegar?
- ☐ Jandira
- ☐ Lucinda
- ☐ Valdir

b) A que horas o ônibus chega na rodoviária?
- ☐ às seis
- ☐ às seis e meia
- ☐ às oito horas

c) Para onde o amigo tem que levá-la?
- ☐ para a sua casa
- ☐ para a casa do tio
- ☐ para a rodoviária

D2   # As roupas de Minas Gerais

1. Leia o texto rapidamente e escolha um título.

O carioca e a roupa

Como se veste o proletariado brasileiro

Entre os meus conterrâneos, os econômicos mineiros, é um motivo de orgulho, de ampla e sorridente satisfação, confessar que uma gravata custou mais barato do que parece.

No Rio é exatamente o contrário. O sentimento de exaltação interior nasce quando se pode dar para a gravata um preço alto que surpreenda o interlocutor

Não conheço outra cidade em que a roupa tenha tanta importância como aqui no Rio. O carioca é de uma ironia corrosiva, terrivelmente desmoralizadora para homens, instituições e idéias graves.
Excetua-se a roupa; a roupa é sagrada.

Sempre me chamou a atenção no Rio a simplicidade com que as pessoas falam de suas dificuldades financeiras, de seus sacrifícios de orçamento. Esta admirável franqueza desaparece por completo quando se trata de roupa. Neste capítulo, o carioca mente, exagera o preço de seus ternos e de suas camisas.

O proletário francês veste-se mal e come bem; o proletário alemão prefere vestir-se burguesamente e comer mal. É com este que se parece o proletário carioca. E as outras classes o acolhem mais complacentemente se ele passa fome mas se se apresenta bem-vestido. A roupa vem assim compensar uma fome que não é de pão

Extratos de Paulo Mendes Campos,
O Cego de Ipanema, 1961

2. Leia o texto mais uma vez e escolha
um título para cada parágrafo.

I - O mineiro, o carioca e a roupa.
   - O preço alto das gravatas no Rio.

II - A ironia dos cariocas.
   - A importância da roupa no Rio.

III - O carioca exagera o preço das roupas.
   - A simplicidade dos cariocas.

IV - A roupa do proletário francês, a do alemão e a do carioca.
   - O proletário carioca e a roupa.

3. Qual é a importância social da roupa em seu país?

O significado das cores   E1

Associe as cores às palavras

branco
amarelo
vermelho
roxo
preto
verde
azul
rosa
laranja
marrom
bege

criança   silêncio   segunda-feira   piscina   açúcar   amor   férias

ecologia   seu país   Brasil   loucura

noite   trabalho   coração

calor   frio   praia

9

Formas   E2

Caracterize os objetos à direita com um adjetivo.

quadrado	longo	– curto	liso
retangular	comprido	– curto	estampado
redondo	alto	– baixo	listrado
oval	largo	– estreito	xadrez
triangular	grande	– pequeno	
	grosso	– fino	

um homem
um queixo
um pescoço
pernas
uma camisa de manga
um corredor
uma estante
uma mesa
um salário
uma toalha

   RETANGULAR

Lição 10

A1 A família

geração / gerações

A foto número um mostra...

1

2

3

Nesta foto tem...

sorrindo
smile

4

Eu acho que...

5

Na minha opinião...

♂	♀	♂ + ♀
pai + mãe		= pais
irmão + irmã		= irmãos
tio + tia		= tios
filho + filha		= filhos
avô + avó		= avós

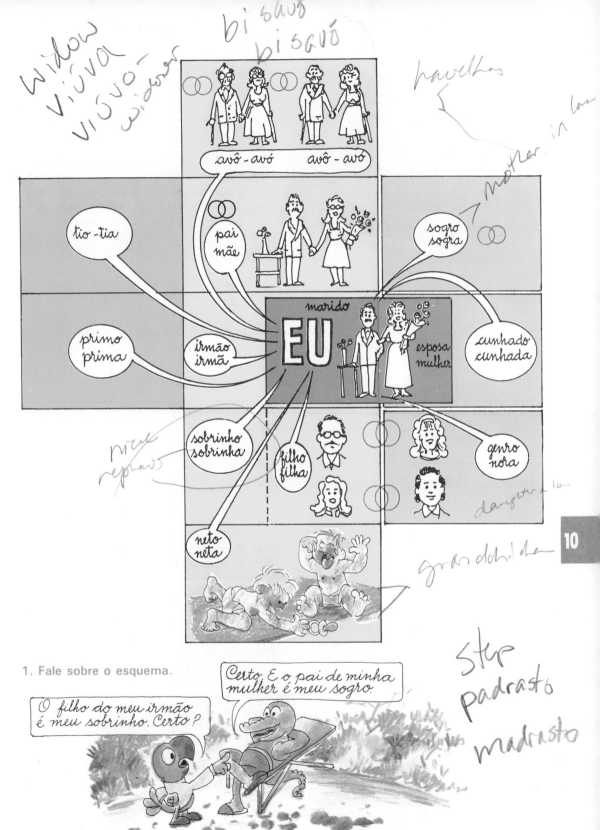

1. Fale sobre o esquema.

2. Descreva as fotos. Quais são as diferenças entre as famílias? Qual foto representa melhor a família típica de seu país?

A2 Parentes → relatives

Wilhelm August Becker, 85

Pedro Becker, 37 anos, bancário:
"Este é meu avô paterno. Ele chegou ao Brasil em 1930, de navio. Ele já era casado com a minha avó, mas só tiveram filhos aqui. Eles foram morar no interior de São Paulo com o irmão dele, que já tinha vindo alguns anos antes. Lá no interior nasceram o meu pai e meus tios. Meu pai veio para a capital para estudar, eu não sei exatamente quando. Aqui ele conheceu minha mãe e casaram em 1955. Somos quatro irmãos, todos já casados e com filhos."

Wolfgang Becker   W. A. Becker ⬤⬤ Lore Becker (nascida Braun)

irmão do avô   *avô do Pedro*

Sandra Fagundes ⬤⬤ Paulo   João   Claudio

Pedro   Margarida   Sivonei   Silvio

1. Complete a tabela com os dados do texto.

Edna   Márcio   Mário   Áurea

---

2. Faça uma lista das pessoas que moravam na casa da Leda.

3. Fale com seus/suas colegas. Quem faz parte de sua família? Desenhe um esquema e fale sobre as pessoas. Traga também fotos delas.

solteiro,a
casado,a
separado,a
divorciado,a
viúvo,a

Leda Pereira Duarte, 33 anos, arquiteta:
Quando nasci, meus pais tinham acabado de chegar ao Rio. Morávamos em Santa Teresa. Sou filha única, mas nossa casa vivia cheia: meus avós maternos sempre moraram conosco, e também um tio do meu pai e a mulher dele. Além disso sempre havia primos passando as férias comigo ou tias do interior nos visitando. Meu pai sempre dizia que éramos o hotel da família no Rio.
Minha família sempre foi muito tradicional. Quando acabei a faculdade e quis sair de casa, foi um escândalo: "Filha minha só sai de casa casada", disse meu pai, e foi assim que aconteceu.

4. Como era a família no seu país antigamente? Como é hoje? Se mudou, por quê?

trabalho   apartamento   casa   liberdade   amigos

condicional

	Presente	Pretérito perfeito	Futuro do pretérito	Futuro do presente
Eu	– trago	– trouxe	– traria	– trarei
Você Ele/Ela	> traz *trazes*	> trouxe *trouxeste*	> traria	> trará
Nós	– trazemos	– trouxemos	– traríamos	– traremos
Vocês Eles/Elas	> trazem	> trouxeram	> trariam	> trarão

1. Faça frases.

Eu O jornal Você Nós Pedro Maira e Mariana	trazer	o livro de português pão e leite cerveja para a festa notícias interessantes livros da Alemanha sua nova namorada	sempre ontem no ano passado todo dia amanhã sexta-feira

2. *levar* e *trazer*.

o Você vem a minha festa?
• Vou, sim.
o Você pode trazer cerveja?
• Posso. Vou levar uma caixa.

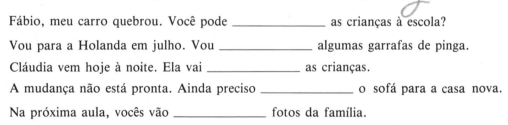

take — levar
bring — trazer

10

3. *levar* ou *trazer*? Complete.

Fábio, meu carro quebrou. Você pode _____ as crianças à escola?

Vou para a Holanda em julho. Vou _____ algumas garrafas de pinga.

Cláudia vem hoje à noite. Ela vai _____ as crianças.

A mudança não está pronta. Ainda preciso _____ o sofá para a casa nova.

Na próxima aula, vocês vão _____ fotos da família.

4. Fale com seu/sua colega.

* O que você sempre leva quando viaja?
* O que você traria para seus parentes e amigos de uma viagem?

Não conte nada para ele. Ele é o maior leva-e-traz da Amazônia.

B2 Verbo irregular *saber*

	Presente	Pretérito perfeito
Eu	– sei	– soube
Você Ele/Ela	> sabe	> soube
Nós	– sabemos	– soubemos
Vocês Eles/Elas	> sabem	> souberam

1. O verbo *saber* tem vários sentidos. Traduza estas frases para sua língua.

a) Eu conheço o Dario e sei onde ele mora.
b) Podemos ir à piscina, mas eu não sei nadar muito bem.
c) Encontrei o Fábio no bar. Por ele eu soube que Márcia tinha casado.

2. Faça frases.

Sei	Paulo e Renata faz muitos anos.
Conheço	falar português.
Posso	nadar muito bem.
Soube	que Marisa casou na semana passada.
	seu endereço novo.
	telefonar para você hoje à noite?

B3 Verbo irregular *dizer*

	Presente	Pretérito perfeito	Futuro do pretérito	Futuro do presente
Eu	– digo	– disse	– diria	– direi
Você Ele/Ela	> diz	> disse	> diria	> dirá
Nós	– dizemos	– dissemos	– diríamos	– diremos
Vocês Eles/Elas	> dizem	> disseram	> diríam	> dirão

Complete o diálogo.

o Ontem encontrei Amália. Ela nem _____
'bom-dia'. Sabe, eu lhe _____ uma coisa:
ela está uma chata ultimamente.

• Eu não _____ isso. A Ágata me _____ anteontem
que ela está cheia de problemas.

o Mesmo assim. Na próxima vez eu vou _____ :
Você não sabe mais _____ 'bom-dia'? Ou você
trata bem suas amigas ou elas vão _____
'até-logo' para sempre.

• Ora, deixa ela em paz, coitadinha!

Mais-que-perfeito composto   B4

1. Formação

ter imperfeito + particípio	
Eu tinha	saído

Particípios regulares
morar ⟶ morado
vender ⟶ vendido
sair ⟶ saído

Particípios irregulares de verbos que você já conhece:

fazer	abrir	gastar	pagar	por	escrever	dizer	ver	vir
feito	**aberto**	**gasto**	**pago**	**posto**	**escrito**	**dito**	**visto**	**vindo**

10

2. Uso

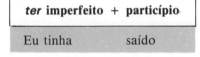

Ontem eu saí de casa
às 9 horas. Ele telefonou
às 10 horas.

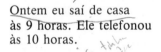

passado anterior	● —— ●	passado	agora

Eu já tinha saído   quando   ele telefonou.

Eles foram morar... com o irmão dele
que
tinha chegado dois anos antes

▶ passado
●
▶ passado anterior

3. Faça frases.

Quando eu	chegar em casa	Cora		voltar.
você	telefonar	nós		escrever o cartão.
nós	chegar	eu	ter	fazer o jantar.
	receber a carta	Neide		sair.
	viajar	você		ir embora.

101

B5 Mais-que-perfeito simples

	morar	vender	abrir
Eu	– morara	– vendera	– abrira
Você			
Ele/Ela	> morara	> vendera	> abrira
Nós	– moráramos	– vendêramos	– abríramos
Vocês			
Eles/Elas	> moraram	> venderam	> abriram

Você vai encontrar o mais-que-perfeito simples em textos escritos.
Na linguagem falada usamos o mais-que-perfeito composto (veja B4).

1. Leia o texto e sublinhe as formas do mais-que-perfeito simples.

2. Reescreva o texto, substituindo o mais-que-perfeito simples pelo mais-que-perfeito composto.

No romance 'Gabriela Cravo e Canela' de Jorge Amado, ao saber do namoro entre sua mulher e o doutor Osmundo, o coronel Jesuino matou os dois:

DA LEI CRUEL

A notícia do crime espalhara-se num abrir e fechar de olhos. Do morro do Unhão ao morro da Conquista, nas casas elegantes da praia e nos casebres da Ilha das Cobras...
Sobretudo nos bares, cuja freqüência crescera apenas a notícia circulara. Especialmente a do bar Vesúvio, situado nas proximidades do local da tragédia.

...

Em frente à casa do dentista, pequeno bangalô na praia, juntavam-se curiosos.

...

O professor Josué aproveitara-se para aproximar-se de Malvina, relembrava para o grupo de moças amores célebres, Romeu e Julieta, Heloísa e Abelardo, Dirceu e Marília...

...

E toda aquela gente terminava no bar de Nacíb, enchendo as mesas, comentando e discutindo. Unanimamente davam razão ao fazendeiro, não se elevava voz... para defender a pobre formosa Sinhazinha. Mais uma vez o coronel Jesuíno demonstrara ser homem de fibra, decidido, corajoso, íntegro...

Jorge Amado

Faço hoje um aninho
Estou contente como que
Agradeço com um beijinho
A presença de você

Setembro
10
Quarta Feira
1975

Lavinia

Convite

1

casamento

2

ESPECIALMENTE PARA VOCÊ
NOS SEUS
15 ANOS

Está naquela idade
inquieta e duvidosa,
Que não é dia claro e é
já alvorecer,
Entre aberto o botão
entre fechada a rosa,
Um pouco de menina e
um pouco de mulher

3

aniversário

4

10

5

Relacione as fotos com os
textos. Comente.
Compare estes costumes
brasileiros com os de seu
país.

No Brasil... *formatura*

a
...dá-se grande
importância ao
décimo-quinto
aniversário de uma
menina. É o começo
da mocidade.

b
...o dia do casamento
é um grande dia.
Todos participam: a
família, os amigos, os
vizinhos. Em geral
todos são convidados.

c
...o diploma
universitário é
recebido numa festa
solene. Depois há um
grande baile.

d
...muitas famílias dão
grandes festas para
comemorar o
aniversário de suas
crianças.

C2 Parabéns

Sejam muito felizes!

Parabéns! Felicidades!

Feliz Natal!

Parabéns! Sucesso!

Meus parabéns!

Feliz aniversário!

Feliz Ano Novo!

Boas entradas!

Em datas importantes, é assim que a gente cumprimenta os amigos no Brasil. Identifique a ocasião.

formatura
1

festa de 15 anos
5

Bodas de Prata
6

2
casamento

7

Natal
3

Bodas de Ouro
4

aniversário

Ano Novo
8

D1 A imigração japonesa no Brasil

1. Leia o texto. A que correspondem os números?

1908   249.000   1.170.000

A imigração japonesa começou em 1908. Os primeiros imigrantes se estabeleceram, de início, em São Paulo e Amazonas. Até 1973, cerca de 249 mil japoneses haviam entrado no Brasil. Atualmente, a população japonesa e dos seus descendentes é de aproximadamente 1.170.000. Uma parte desta população se dedica à agricultura. A outra parte está dividida em diversas áreas: profissões liberais, setor tecnológico, bancário, artes em geral entre outros.

24 de Abril 1908 — A imigração japonesa começa

2. Notícia do jornal ''Correio Paulistano'' de junho 1908, sobre a chegada dos primeiros japoneses em São Paulo. Dê títulos aos parágrafos.

_____ *O tipo físico*   _____ *A chegada*
_____ *A ordem*   _____ *A roupa*
_____ *As famílias*   _____ *A mulher e o dinheiro*
_____ *Preconceitos*

Os Japoneses em São Paulo

Está São Paulo com os primeiros imigrantes japoneses.

Chegaram no dia 18 pelo vapor Kasato Maru, depois de 5 52 dias de viagem do Japão a Santos.(...)

Estes 781 japoneses introduzidos agora agrupam-se em 164 famílias, sendo cada família 10 constituída em média de 4,5 indivíduos. São poucos os indivíduos que vieram avulsos (37), isto é, não fazendo parte de famílias. O número de 15 crianças é insignificante e o de velhos, nulo. (...)

Estavam todos, homens e mulheres, vestidos à européia: eles de chapéu ou boné; e elas 20 de saia e camiseta pegada à saia, apertada na cintura por um cinto, e de chapéu de senhora. Um chapéu simples, o mais simples que se pode conceber, 25 preso na cabeça por um elástico e ornado com um grampo (...)

Todos os japoneses vindos são geralmente baixos: cabeça 30 grande, troncos grandes e reforçados, mas pernas curtas. Um japonês de 14 anos não é mais alto que uma das nossas crianças de oito anos de idade. A estatura média japonesa 35 é inferior à nossa média (...)

Têm nas suas mulheres a maior confiança, a ponto de, para não interromperem uma 40 lição adventícia de português, lhes confiarem a troca do seu dinheiro japonês em moeda portuguêsa, pois todos trazem dinheiro: dez yens, 20, 30, 40, 45 50 ou mais yens, mas todos trazem um pouco.

Os empregados da alfândega declaram que nunca viram gente que tenha com tanta ordem 50 e com tanta calma assistido à conferência de suas bagagens e em nenhuma só vez foram apanhados em mentiras. 55

A raça é muito diferente, mas não é inferior. Não façamos antes do tempo juízos temerários a respeito da ação do japonês ao trabalho nacional. 60

10

3. Onde está no texto? Corrija se necessário.

	Onde?	Correção
a) A maioria dos imigrantes japoneses eram solteiros.	_11 – 14_	_São poucos os indivíduos que vieram avulsos..._
b) A roupa dos japoneses era européia.		
c) Todos os imigrantes japoneses traziam dinheiro.		
d) Os japoneses são mais altos do que os brasileiros.		

4. No seu país também há muitos imigrantes? Como foram tratados quando chegaram? Qual é a situação hoje?

1. Ouça a entrevista.
   Quais destas ilustrações
   se relacionam com a
   entrevista?

2. O que diz D. Yoshiko?

☐ Era difícil conversar com as outras pessoas na fazenda.
☐ Meu pai tinha uma fazenda de café.
☐ Os imigrantes não podiam ir à escola.
☐ Não havia nada de comida japonesa.
☐ Meu pai nunca tinha trabalhado na lavoura.
☐ Não tinha comida suficiente na fazenda.
☐ As pessoas na fazenda não falavam com os japoneses.
☐ Eu não fui à escola da fazenda.

Trabalhe com seu/sua colega. Aqui estão muitas palavras. Quem consegue, em menos tempo, separar estas palavras em 4 colunas, de acordo com seu sentido?

o anel
a aposentadoria
baixinha
careca
o cinto
o coração
a cueca

demitir
os dentes
emagrecer
o emprego
a febre   estampado
a garganta
a gravata
a greve
a gripe
gordo

a lã
a manga
as meias
o meio período
os netos

os olhos
o paletó
o pé
a profissão

a saia
o salário
a seda
a sogra
solteiro
a tia

vestir
o viúvo
o xadrez

10

Lição 11

A1 Atividades nas férias

1. O que se faz onde?

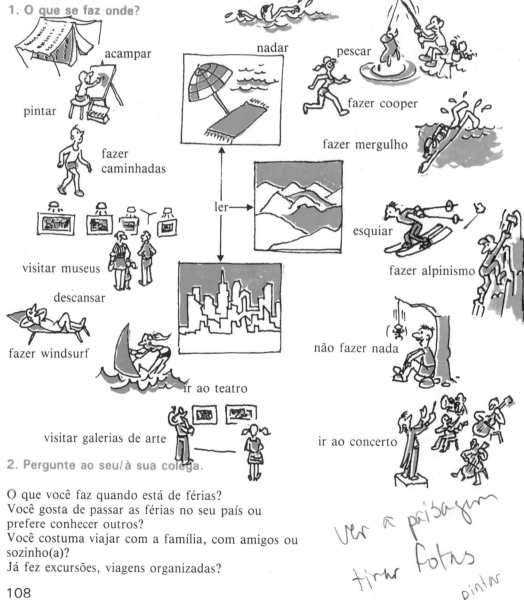

acampar

pintar

fazer caminhadas

visitar museus

descansar

fazer windsurf

visitar galerias de arte

nadar

pescar

fazer cooper

fazer mergulho

ler

esquiar

fazer alpinismo

não fazer nada

ir ao teatro

ir ao concerto

ver a paisagem
tirar fotos
pintar

2. Pergunte ao seu/à sua colega.

O que você faz quando está de férias?
Você gosta de passar as férias no seu país ou prefere conhecer outros?
Você costuma viajar com a família, com amigos ou sozinho(a)?
Já fez excursões, viagens organizadas?

o Para onde você vai nas férias?

• Talvez vá para o Pantanal.

o Por que talvez?

• Ainda não decidi. Por acaso você conhece alguém que já foi para lá?

o Não, não conheço ninguém. Eu sei que as pessoas vão lá acampar.

• É, mas não tenho nenhuma vontade de acampar. Talvez fique num hotel-fazenda, não sei. Só que é muito caro. Mas pode ser que ache uma pousada simples e longe de tudo

o Tomara que dê certo. Vale a pena.

Fale com seu/sua colega.

o Para onde você vai nas férias?

o E lá, onde você vai ficar?

• Ainda não decidi, talvez vá para...

• Não sei ainda. Talvez...

• Pode ser que fique... Depende.

11

excursão

A3   Pode ser que ele leve comida de casa

Guias turísticos conhecem bem alguns tipos de viajantes.

O azarado
bad luck

perde as malas, não
encontra o seu dinheiro,
esquece o passaporte
em casa etc.

O chato

sabe tudo melhor,
corrige o guia sobre
datas e lugares, fica
irritado com a comida,
não aceita que as
pessoas não falem sua
língua, etc.

O boa-vida

chega sempre atrasado,
flerta com todas as
mulheres que vê, sempre
alegre, todos gostam
dele.

**Imagine que você vai viajar com seus/suas colegas.
Como você acha que eles se comportam como turistas?**

| Talvez / Pode ser que / É possível que — Tenho certeza que / Acho que | viajar / encontrar / gostar / levar / andar / chegar / comprar / corrigir / ... | lembranças / malas / dinheiro / museus / paisagem / montanhas / coisas / comida / guarda-chuva / ... |

certeza

Acho que ele viaja
com muitas malas.

Talvez ela
goste de
visitar
museus.

Tenho certeza
que ela não
viaja sem
guarda-chuva.

110

GROSSE BRASILIEN-RUNDREISE

Brasilien, ein Land der Kontraste. Auf der einen Seite undurchdringlicher Urwald, durch den riesige Flüsse fließen und gewaltige Wasserfälle in tiefe Schluchten stürzen, auf der anderen moderne und koloniale Städte mit einem 110-Millionen-Volk voller Leben.

1. und 2. Tag, Samstag/Sonntag: Flug von Frankfurt nach Salvador de Bahia und Transfer am Sonntag frühmorgens in das Hotel Tropical da Bahia. Der Sonntag steht für eigene Unternehmungen zur freien Verfügung.
3. Tag, Montag: Fakultativ: Ganztägige Schonerfahrt zu einer der vorgelagerten Inseln.
4. Tag, Dienstag: Ganztägige Stadtrundfahrt durch das koloniale und moderne Salvador de Bahia. Wir zeigen Ihnen die wichtigsten Sehenswürdigkeiten der Stadt. Flug nach Belem. Übernachtung im Hotel Hilton.

CIRCUIT BRESIL 14 JOURS/12 NUITS
O JEITO BRASILEIRO
RECIFE - SALVADOR DE BAHIA - IGUACU - BRASILIA - LE MINAS GERAIS - RIO
19950 F Exemple de prix. Au départ de Paris

Ce circuit au rythme soutenu permet en 14 jours et dans de bonnes conditions de confort, de visiter les grands centres d'intérêt du Brésil pays dont la superficie est 15 supérieure à celle de ...

Vocês têm 20 dias de férias e vão para o Brasil. Procurem folhetos turísticos e façam seu plano de viagem.

Discutam:

1. Quando vocês vão para lá.
2. Quanto vocês pretendem gastar (hotel, alimentação, compras, ...).
3. O que vocês querem fazer no Brasil (cidades, regiões, praia, Amazônia, Nordeste, Pantanal, ...).
4. Como vocês pretendem viajar pelo país (avião, ônibus, carro alugado).

PROGRAMME

1er JOUR VENDREDI : PARIS - RECIFE
• Départ de Paris en fin de soirée.

2e JOUR SAMEDI : RECIFE
• Arrivée dans la nuit du vendredi au samedi. Transfert à votre hôtel. Déjeuner en ville.
• Visite du musée de l'Homme du Nordeste et tour d'orientation de Recife et Olinda.

3e JOUR DIMANCHE : RECIFE - SALVADOR DE BAHIA
• Tôt le matin, transfert à l'aéroport et envol pour Salvador de Bahia. Transfert à votre hôtel. Déjeuner.
• Visite de la ville avec le Pelourinho.

Brazilian Panorama
Argentina, Brazil
22 days (20 nights)
from
$5995

Viagem ao Brasil

De _____ até _____.

dia	transporte	lugar	hotel	atividades	custos

B1 Presente do subjuntivo — Formas regulares

		morar	vender	abrir		fazer	dormir
Eu	–	more	venda	abra	–	faça	durma
Você Ele/Ela	>	more	venda	abra	>	faça	durma
Nós	–	moremos	vendamos	abramos	–	façamos	durmamos
Vocês Eles/Elas	>	morem	vendam	abram	>	façam	durmam

O presente do subjuntivo forma-se a partir da 1ª pessoa do
singular do presente do indicativo:

morar → eu moro → eu more, você more, ...
fazer → eu faço → eu faça, você faça, ...

1. Dê a forma do presente do indicativo e do subjuntivo.

ver	→ eu ...	→ você ...
fazer	→ eu ...	→ nós ...
ter	→ eu ...	→ eu ...
ler	→ eu ...	→ vocês ...*leiam*
pôr	→ eu *ponho*	→ ele *ponha*
vir	→ eu ...	→ nós ...
dormir	→ eu *durmo*	→ ela *durma*
poder	→ eu *posso*	→ elas *possan*

2. Faça frases.

Talvez	eu	mudar	Caio em casa	no mês que vem
Pode ser que	você	vender	com Iracema	para Luís
Tomara que	ele	fazer	à praia	no centro
Não acho que	Iara	almoçar	para Itu	a esta hora
É possível que	elas	encontrar	português	amanhã
	vocês	ver	compras	com a gente
	nós	aprender	o carro	com este professor
	eles	ir	a exposição	em Manaus
	ela	discutir	o problema	———

Não acho que o papagaio aprenda português.

(handwritten: feliz) *(handwritten: é possível)*

Alguns usos do presente do subjuntivo   B2

Ordem	Eu quero que	você pare de fumar.
	O diretor proíbe que	os alunos fumem na escola.
Desejo	Tomara que	você pare de fumar.
	Espero que	
Dúvida	Duvido que	ele viaje para o Pantanal.
	Não acho que	
	Talvez	
Senti-mentos	Sinto muito que	Joel não viaje conosco.
	Que pena que	
	Que bom que	
	Estou contente que	

(handwritten: What a shame)

1. Traduza as frases acima para sua língua.

2. Fale com suas/seus colegas.

Exemplo: o Carla não vai para Belém.

(speech bubble handwritten: Duvido que ela não viaje conosco)

(speech bubble handwritten: Que pena que ela não viaje conosco)   *(speech bubble handwritten: Que bom que ela não viaje conosco)*   *(speech bubble handwritten: Espero que ...)* *(handwritten: only)*   *(handwritten: estar)*

a) Eu faço ginástica todo dia.
b) Minha nora não deixa meu neto assistir TV.
c) Meus amigos nunca tomam vinho.

d) Nós só comemos produtos naturais.
e) Nossa professora come feijão e arroz todo dia.
f) ...

11

Presente do subjuntivo — Formas irregulares   B3

Estes são os únicos verbos com formas irregulares no presente do subjuntivo.
Complete você mesmo as formas que estão faltando.

	ser	estar	saber	querer	ir	dar	haver*	
Eu –	seja	esteja	saiba	queira	vá / vás	dê / des		
Você Ele/Ela >					vá	dê	haja	há
Nós –					vamos	demos		houve
Vocês Eles/Elas >					vão	dêem		

* O verbo haver normalmente só é usado na 3.ª pessoa do singular.

113

Faça frases.

Exemplo: Tomara que Raimundo não esteja com gripe.

Talvez	a sua mãe	poder	falar inglês	no domingo
Que pena que	Regina	querer	com gripe	conosco
Não acho que	Raimundo	ir	na festa	hoje à noite
Tomara que	eles	estar	à sua casa	amanhã
Sinto muito que	eu	saber	ir na festa	————

B4   Pronomes indefinidos: *alguém, algum, algo, ninguém, nenhum, nada*

○ Você conhece alguém em Recife?
● Não, ninguém.

○ Você tem alguma foto de sua família?
● Não, nenhuma.

○ Você sabe algo sobre Cabo Verde?
● Não, nada.

alguém	⟵⟶ ninguém
algum(a) alguns, algumas	⟵⟶ nenhum(a)
algo	⟵⟶ nada

Faça perguntas e escolha as respostas.

Pedro Vocês Você ...	saber ter conhecer	alguém algo		na Bahia? em Porto Alegre sobre o Nordeste? sobre ...	Não, ninguém. Não, nada. Não, nenhum(a). ...
		algum(a) alguns algumas	livro revistas exercício coisa ...		

B5   Dupla negação

Eu não conheço ninguém aqui.
Ele não sabe nada sobre informática.
Nós não temos nenhum terno preto.
Eles não têm nada.

Pergunte ao seu/ à sua colega.

Você conhece alguém em Campo Grande?
Você sabe alguma coisa sobre Xique-Xique, na Bahia?
Você tem algum livro sobre a vida sexual dos elefantes?
Quantos Rolls Royces você tem na sua garagem?
...

1. Leia o artigo e sublinhe todas as palavras que você conhece.

Jacaré 2 × Polícia 0

A Polícia Florestal e o Corpo de Bombeiros fracassaram ontem na segunda tentativa de capturar o jacaré que apareceu no poluído e fétido rio Tietê (zona Norte de São Paulo). O jacaré, que quase foi pego anteontem, sumiu. Centenas de pessoas, desde executivos engravatados a caminhoneiros com máquinas fotográficas, tentaram ver o "fantástico" jacaré que sobrevive no esgoto.

O sargento Nestor Costa, 30, afirmou que nunca tinha encontrado um animal vivo nesse trecho do rio Tietê, onde o nível de oxigênio na água é zero. Sobrevivem ali apenas bactérias anaeróbicas.

Bombeiros abrem uma rede para capturar o jacaré que apareceu no Tiête.

2. Você conhece as palavras *fracassar, tentativa, sobreviver*? Se não, procure-as no dicionário.

3. Responda as perguntas: Onde estava o jacaré? Por que o título é Jacaré 2 × Polícia 0? Por que peixes e plantas não sobrevivem no Tietê?

O OXIGÊNIO NA ÁGUA AO LONGO DO RIO TIETÊ

(em miligramas por litro - mg/l)

Barra Bonita
São Paulo
Salesópolis

Pirapora do Bom Jesus
0mg/l - 50 km
a noroeste

São Paulo
0mg/l

Salesópolis
(nascente do rio)
7 a 8mg/l - 95 km
a leste de SP

Guarulhos
0mg/l - 20 km
ao norte

Barra Bonita
7 a 8mg/l - 308 km
a noroeste

Tietê
4mg/l -150 km
a noroeste

QUANTIDADE DE ESGOTO
LANÇADO NO RIO

"In natura"
18 mil litros/segundo

Tratado
6 mil litros/segundo

De 2 a 8 mg/l: sobrevivem peixes, plantas e outros animais aquáticos

Abaixo de 2 mg/l: sobrevivem apenas bactérias anaeróbicas

Fonte: Cetesb/Sabesp

Observe os gráficos e responda as perguntas.

1. Qual a quantidade de oxigênio que os peixes precisam para sobreviver?
2. Em que lugares do rio Tietê podem viver peixes? E plantas?
3. Quais são os lugares mais poluídos do rio?

C3   Problemas ecológicos e soluções

1. Quais são os problemas ecológicos e ambientais mais importantes na sua área?
   Dê nota de 1 (não existe) a 5 (muito sério) na tabela abaixo e compare as notas com
   as de suas/seus colegas.

Poluição da água por indústrias.

Poluição da água por esgotos domésticos.

Poluição do ar por indústrias.

Poluição do ar por carros.

Poluição sonora por indústrias.

Poluição sonora por carros/caminhões/etc.

Poluição visual (propaganda, outdoors).

Desmatamento das florestas.

Lixo industrial.

Lixo doméstico.

Usina nuclear.

...

Eu acho que o lixo é nosso maior problema.

Mas eu não acho que o lixo seja tão importante. A poluição do ar é muito pior.

Talvez os carros sejam o nosso maior problema.

Tenho medo que...
Não penso que...
Não tenho certeza que...
...

2. E a solução? Dê nota às soluções apresentadas de 1 (irreal/utópico) a 5 (realista)/
   possível). Eventualmente dê mais algumas sugestões.

Proibir a circulação de carros particulares na cidade.

Fechar as indústrias na área.

Proibir carros em certos dias ou horários.

Diminuir o consumo.

Dar educação ecológica nas escolas.

Não utilizar energia nuclear.

Proibir a construção de novas casas e prédios.

Instalar filtros em fábricas.

...

Prefiro que exista poluição, não quero desemprego.

A única solução para o problema da poluição do ar é...

Todos nós temos que...

Não acho que a energia nuclear seja tão perigosa!

1. Leia a reportagem e decida quais destas fotos se relacionam com o conteúdo do texto.

De bem com o verde

Como vivem os moradores do Combu, uma ilha no Pará, onde os homens e a natureza fizeram as pazes.

A população de uma pequena ilha do Pará encontrou uma maneira de viver bem com a natureza. Os 600 habitantes da ilha vivem com o que a natureza lhes dá. Eles se dedicam à exploração do açaí, uma frutinha do tamanho de uma bolinha de gude, da qual se obtém um suco muito consumido na região. A palmeira que dá o açaí pode ser encontrada em todo o Baixo Amazonas, mas a Ilha do Combu tem uma vantagem geográfica — é a mais próxima de Belém, onde as frutas são comercializadas.

A renda anual média dos habitantes do Combu é de 3000 dólares per capita, muito acima dos padrões da região.

A vida na ilha transcorre sem surpresas. Como não têm contrato de trabalho, os moradores da ilha fazem seus próprios horários. Alguns não trabalham na segunda e na sexta-feira, concentrando a colheita do açaí nos outros dias da semana. Nos dias de folga, eles se dedicam às atividades de lazer, como os bate-papos no fim do dia e, nos finais de semana, as peladas de futebol e os bingos comunitários. Praticamente todos têm televisão em casa e barco a motor para fazer seus negócios em Belém. Moram em casas de madeira simples, mas amplas e têm geradores de energia.

A técnica para a colheita do açaí, que fica no alto da palmeira, como um coco, é aprendida desde criança. É necessário perícia. Crianças de 4 anos escalam palmeiras de até 15 metros, com uma espécie de laço atado nos pés e que lhes dá segurança. Levam na cintura um facão para cortar o cacho de frutas.

Um habitante da Ilha diz:

— "Nós não estamos nadando em dinheiro. Mas morar na Ilha é melhor que morar na periferia de uma cidade grande, fazer trabalho braçal e receber um salário mínimo por mês."

Pará

Baía de Marajó

PARÁ

Belém

Ilha Combu

11

2. Explique o título: De bem com o verde.

3. O que o texto diz sobre

— a localização da ilha?
— o número de habitantes?
— as atividades econômicas dos moradores?

— os horários de trabalho?
— a técnica da colheita do açaí?
— as atividades de lazer?
— o nível de conforto da família? (casa, transporte, ...)

D2　O Barquinho (*Roberto Menescal — Ronaldo Bôscoli*)

1. Observe as fotos. Depois, feche os olhos e ouça a canção.

2. Qual das fotos você associa à canção?

3. Ouça novamente a canção. Quais das palavras abaixo você associa com ela?

calor　　silêncio　　música　　brisa　　fim do dia　　amor　　cores

tranqüilidade　　noite　　　vento

dinheiro　　espaço largo　　lazer　　inverno　　felicidade　　movimento　　trabalho

4. Desenhe a paisagem que a canção descreve.

Dia de luz
festa de sol
e o barquinho a deslizar
no macio azul do mar
tudo é verão
o amor se faz
num barquinho pelo mar
que desliza sem parar.
Sem intenção nossa canção
vai saindo desse mar
e o sol beija o barco e luz
dias são azuis

Volta do mar
desmaia o sol
e o barquinho a deslizar
e a vontade de cantar
Céu tão azul
ilhas do sul
e o barquinho é um coração
deslizando na canção
Tudo isso é paz
tudo isso traz
uma calma de verão e então
o barquinho vai
a tardinha cai
o barquinho vai

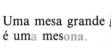

Uma mesa grande
é uma mesona.

Um livro grande
é um livrão.

Diga depressa:

Um apartamento grande é um...
Um problema grande ...
Uma grande amiga ...
Um barulho forte ...

Uma cadeira grande é uma ...
Um grande amigo ...
Um tempo longo ...
Um programa bom ...

Adivinhe o que é. Confira depois com o dicionário.

palavrão
portão
cidadão
papelão

○ uma palavra importante
○ uma porta larga
○ uma metrópole
○ papel grosso e resistente
○ uma palavra vulgar, agressiva
○ um enorme pedaço de papel
○ uma porta do jardim para a rua
○ pessoa com direitos civis e políticos

Diminutivos E2

1.

2.

Casa pequena é casinha.
Avião pequeno é aviãozinho.

Uma casa bem cheia está cheinha.
Um sanduíche bem gostoso está gostosinho.

Agora pergunte ao seu/sua colega:

Trabalhem em pares. Escrevam frases
com estas palavras:

O que é, o que é?
batatinha
barulhinho
hotelzinho
lojinha
mãozinha
barzinho
florzinha

direitinho
pertinho
baratinho
limpinho
certinho
pouquinho
baixinho

11

verduras (vegetables)

Quem entrega
cartas é
carteiro

**O que é,
o que é?**

leiteiro
verdureiro
jornaleiro
sapateiro
cozinheira
hoteleiro
faxineiro — limpar
banqueiro

en
ve
co
te
li
...

120

A1 As regiões

1. O Br
No
S

corurten

bons

do Brasil

...asil é dividido em cinco regiões:

...te, Nordeste, Centro-Oeste Sudeste e Sul.

...o que você sabe sobre elas?

Região
NORTE
2,25 hab./km²
Renda média mensal:
US$ 199
maior influência indígena

Região
NORDESTE
26,7 hab./km²
Renda média mensal: US$ 109
maior influência africana

Região
CENTRO-OESTE
5,2 hab./km²
Renda média mensal:
US$ 207

Estados e capitais

AMAPÁ — Macapá
RORAIMA — Boa Vista
AMAZONAS — Manaus
ACRE — Rio Branco
PARÁ — Belém
MARANHÃO — São Luís
PIAUÍ — Teresina
CEARÁ — Fortaleza
RIO GRANDE DO NORTE — Natal
PARAÍBA — João Pessoa
PERNAMBUCO — Recife
ALAGOAS — Maceió
SERGIPE — Aracaju
BAHIA — Salvador
TOCANTINS — Palmas
RONDÔNIA
MATO GROSSO — Cuiabá
GOIÁS — Goiânia
Brasília
MINAS GERAIS
MATO GROSSO

Ilhéus

Rios

Rio Jari, Rio Trombetas, Rio Amazonas, Rio Negro, Rio Branco, Rio Purus, Rio Juruá, Rio Japurá, Rio Solimões, Rio Madeira, Rio Tapajós, Rio Xingu, Rio Tocantins, Rio Araguaia, Rio Juruena, Rio Paraguai, Rio Parnaíba, Rio São Francisco, Rio Paraguaçu, Rio Jequitinhonha, Rio Doce

Legenda

- equatorial
- tropical úmido
- tropical com estação seca
- semi-árido
- tropical de altitude
- subtropical

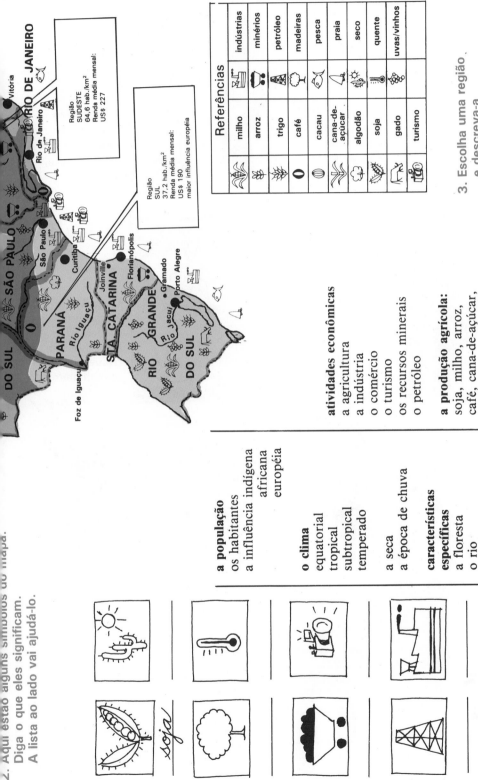

2. Aqui estão alguns símbolos do mapa. Diga o que eles significam. A lista ao lado vai ajudá-lo.

Região
SUDESTE
64,6 hab./km²
Renda média mensal:
US$ 227

Região
SUL
37,2 hab./km²
Renda média mensal:
US$ 190
maior influência européia

Referências

	milho		indústrias			
	arroz		minérios			
	trigo		petróleo			
	café		madeiras			
	cacau		pesca			
	cana-de-açúcar		praia			
	algodão		seco			
	soja		quente			
	gado		uvas/vinhos			
	turismo					

a população
os habitantes
a influência indígena
africana
européia

o clima
equatorial
tropical
subtropical
temperado

a seca
a época de chuva

características específicas
a floresta
o rio
os animais
as plantas
o solo fértil
pobre
árido
a poluição

atividades econômicas
a agricultura
a indústria
o comércio
o turismo
os recursos minerais
o petróleo

a produção agrícola:
soja, milho, arroz,
café, cana-de-açúcar,
feijão, trigo, algodão,
uva

aves e ovos
a pecuária
a criação de gado

3. Escolha uma região
e descreva-a
mais em detalhes.

4. Compare as regiões.

A2   Estereótipos

O carioca
é boa-vida.
Vive na praia.
Conta piadas.

O mineiro
fala pouco,
raramente diz
o que pensa.
É pão-duro.

O paulista
só trabalha,
só quer ganhar
dinheiro.
Não sabe
aproveitar a vida.

O gaúcho
é machão,
esquentado.
Não vive sem
churrasco nem
sem chimarrão.

Odeio estereótipos, mas acho jacarés horríveis.

Não gosto de papagaios. São cheios de preconceitos.

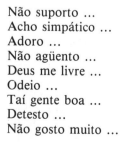

1. Ouça a fita e depois classifique estas
   expressões que aparecem nos diálogos.

	positivo	negativo
Não suporto ...		
Acho simpático ...		
Adoro ...		
Não agüento ...		
Deus me livre ...		
Odeio ...		
Taí gente boa ...		
Detesto ...		
Não gosto muito ...		

2. Ouça a fita novamente. Qual das alternativas
   contém a idéia do diálogo?

Diálogo 1

a	Adoro os cariocas.
b	Acho os cariocas simpáticos.
c	Detesto os cariocas.

Diálogo 2

a	É ótimo morar no Rio Grande do Sul.
b	Não agüento os gaúchos.
c	Acho os gaúchos simpáticos.

Diálogo 3

a	Não agüento os paulistas.
b	Adoro São Paulo, mas odeio os paulistas.
c	Odeio os paulistas, mas é ótimo morar lá.

Diálogo 4

a	É ótimo conversar com mineiros.
b	Os mineiros não são simpáticos.
c	Adoro os mineiros.

Diálogo 5

a	Adoro os gaúchos.
b	Odeio o churrasco dos gaúchos.
c	Não suporto os gaúchos.

3. Como vocês vêem a gente de seu país?
   Converse com seus/suas colegas.

Eu acho...

Mas eu não vejo assim. Ao contrário...

Você tem razão.

Exatamente!

Talvez a verdade seja...

Eu não acho que...

Isso é verdade.

Mas por outro lado...

Como você pode dizer uma coisa dessas? ...

12

B1 Advérbios

1. Formas em — *mente*

Ele é um homem calmo.
Ele trabalha calmamente.

adjetivo	advérbio
calmo/a	calmamente
fácil	facilmente

Faça frases.

Exemplo:
Ele compra livros
freqüentemente.

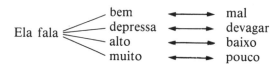

ler	livros	tranqüilo/a
trabalhar	inglês	perfeito/a
andar	cartas	claro/a
falar	...	rápido/a
escrever	—	freqüente
...		

2. Outros advérbios

Ela fala
bem ⟷ mal
depressa ⟷ devagar
alto ⟷ baixo
muito ⟷ pouco

! Ela fala holandês bem mal.
Ele fala muito pouco.

Fale com seu/sua
colega.

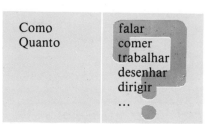

Como
Quanto

falar
comer
trabalhar
desenhar
dirigir
...

Como você fala chinês?

Muito mal.

B2 Pronomes indefinidos

1. *todo/a — todos os/todas as*

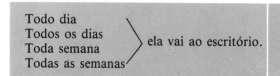

Todo dia
Todos os dias
Toda semana
Todas as semanas
⟩ ela vai ao escritório.

Ela trabalha lá o dia todo.
a semana toda.

a) Traduza as frases acima para sua língua.

b) Faça frases.

Ela trabalha Nós fazemos ginástica Eu faço mergulho Eles viajam para o Brasil Elas sabem Ele compra A professora come feijoada Meu vizinho toca piano	todo toda todos os todas as tudo	no supermercado dia(s) sábado(s) mês(s) verão ano(s) sobre astrofísica férias semana (s)

c) Escreva de outra maneira.

Ele leu o livro do começo ao fim.   *Ele leu o livro todo.*

Ela dormiu das 8 às 20 horas.   _____

Nas férias, não saí de casa.
Eles ficam em Porto Alegre de 2.ª
a domingo.   _____

Quando Jorge saiu, não havia mais
cerveja.   _____

Ele nasceu, viveu e morreu
em São Luís.   _____

2. cada

Cada criança vai ganhar um chocolate.

Todas as crianças gostam de chocolate.

12

Faça frases.

Cada	aluno(s)	vão participar do projeto. vai receber uma tarefa diferente.
Todos os	entrada(s)	são lindos. custa uma fortuna.
Todas as	quadro(s)	para o show foram vendidas. custou um absurdo.

B3   Voz passiva

1. Observe os exemplos.

○ Quem prepara o churrasco neste restaurante?
● As carnes são preparadas pelo dono, um gaúcho de Bagé.

○ Tarsila do Amaral pintou 'Abapuru' em 1930?
● Não. O quadro foi pintado por Tarsila em 1928.

2. Sublinhe no texto as formas na voz passiva.

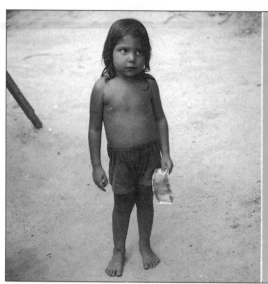

O CIDADÃO ESQUECIDO

O IBGE (Instituto Brasileiro de Geografia e Estatística) descobriu que o brasileiro é ignorado pela justiça, discriminado pela escola e forçado a entrar no mercado de trabalho muito jovem. Para se ter uma idéia, as estatísticas do estudo demonstram que cerca de 30% dos jovens na faixa de 10 a 17 anos de idade já ingressaram no mercado de trabalho quando ainda deveriam estar na escola.
A discriminação é mesmo uma marca nessa sociedade. Nas escolas privadas, por exemplo, apenas 2,6% dos estudantes são negros, 30% são pardos enquanto 66,6% são brancos.

3. Transforme.

Exemplo: O brasileiro é ignorado pela justiça. .
            A justiça ignora o brasileiro.

a) O brasileiro é discriminado pela escola.

_____

b) 30% dos jovens entre 10 e 17 anos são absorvidos pelo mercado de trabalho.

_____

c) A sociedade brasileira é marcada pela discriminação.

_____

d) Os direitos do cidadão não são respeitados pela sociedade.

_____

Relacione as palavras com as fotos.

língua   culinária   religião   dia-a-dia   música   raça

Influências africanas

①

②

③

candomblé
axé
cafuné xingar

④

⑤

⑥

Influências indígenas

①

②

③

12

mandioca
Tatu
Iguaçu

④

⑤

Culinária

No regime alimentar brasileiro, a contribuição africana se afirmou principalmente pela introdução do azeite de dendê e da pimenta malagueta, tão características da cozinha baiana; pela introdução do quiabo; pelo maior uso da banana; pela grande variedade na maneira de preparar a galinha e o peixe. Várias comidas portuguesas ou indígenas foram, no Brasil, modificadas pela condimentação ou pela técnica culinária do negro.
Alguns dos pratos mais caracteristicamente brasileiros são de técnica africana: a farofa, o quibebe, o vatapá.
Das comidas preparadas pela mulher indígena, as principais eram as que se faziam com a massa ou a farinha de mandioca. Do milho, preparavam, além da farinha, a canjica e a pamonha.

Do peixe ou da carne pilada e misturada com farinha, faziam a paçoca.
Moqueca é peixe assado no rescaldo e vem todo embrulhado em folha de bananeira.

baseado em 'Casa Grande e Senzala' de Gilberto Freyre.

Glossário

quibebe	prato cremoso feito com abóbora.
vatapá	prato feito com peixe ou galinha, leite de coco, camarão, amendoim, castanha de caju e temperado com azeite de dendê e outros temperos.
canjica	tipo de creme com milho verde ralado, açúcar, leite e canela.
pamonha	doce feito com milho verde, leite de coco, manteiga, canela e cozido nas folhas do próprio milho.

quiabo | mandioca | azeite de dendê | castanha de caju | canela | amendoím

1. Procure no texto:

Ingredientes e pratos da cozinha africana. _____

_____

Ingredientes e pratos da cozinha indígena. _____

_____

2. Fale com suas/seus colegas.

Que pratos estrangeiros são comuns em seu país?
Qual é o prato mais exótico que você já experimentou?
Que pratos brasileiros você conhece?

3. De que tipo de comida você gosta ou não gosta.

Gosto... | Não suporto... | ...é uma delícia | Não sei dizer...

Detesto... | Adoro comer... | Sou difícil... | Depende...

1. Leia o primeiro parágrafo do texto e responda:

Em que época acontece o Bumba-meu-boi?

☐ No início da primavera.
☐ No início do verão.
☐ No início do inverno.

2. Leia o segundo parágrafo e assinale a opção correta.

O Bumba-meu-boi é

☐ uma festa de tradição européia.
☐ uma festa de rua com teatro, dança e música.
☐ uma peça de teatro.

Bumba-meu-boi
A tradição do Maranhão

Junho é mês de festa no Maranhão. Na maioria das cidades, bandeirinhas, fitas e balões enfeitam as ruas e um ritmo vibrante toma conta das praças, levando milhares de pessoas aos arraiais.

Não se trata de uma festa junina comum. Na capital, São Luís, ou em muitos povoados do interior, o dia 23 dá início a um dos espetáculos mais puros do Nordeste — as apresentações do Bumba-meu-boi, que se estendem até 29 de junho, dia de São Pedro.

O Maranhão pára nesta época. É o ponto alto de uma festa que começa a ser organizada em maio cada ano. Seu término só acontece em agosto, depois de muita teatralização e bailado para ressurreição do boi, mas é na semana de 23 a 29 de junho que os conjuntos de Bumba-meu-boi mostram a melhor parte de sua arte e encenação — as danças de rua e as toadas.

Apesar de algumas influências européias, o espetáculo conta com estrutura, tipos, temas e músicas essencialmente brasileiros.

A representação completa do auto tem uma duração aproximada de oito horas, devido à repetição das cenas. Mas o enredo da festa narra uma estória bem simples: as desventuras de um casal de negros escravos.

Grávida e com desejo de comer língua de boi, Catirina pede ao marido que lhe traga uma. Pai Francisco rouba um boi do seu patrão (o dono da fazenda é chamado de amo) e, quando começa a matar o animal, é descoberto.

Ao saber o que se passa, o patrão manda um capataz averiguar tudo. O vaqueiro prende Pai Francisco, que precisa devolver o boi inteiro sob pena de ser morto. Tal fato acaba mobilizando toda a fazenda e para salvar o boi, pajés e doutores são chamados.

Após várias tentativas conseguem ressuscitar o boi. Um final feliz onde tanto o boi quanto Pai Francisco se salvam, e a harmonia volta a reinar na comunidade.

12

3. Quais são os personagens principais do Bumba-meu-boi?

4. Coloque os fatos na ordem em que acontecem.

— Pai Francisco é preso.
— Todos estão felizes novamente.
— O patrão quer saber o que aconteceu.

— Pai Francisco tem que devolver o boi.
— Todos trabalham para ressuscitar o boi.
— O boi volta à vida.

D2 Em algum lugar do Brasil

1. Lembra dos tipos brasileiros que você conheceu na página 122? Você vai ouvir uma conversa entre duas pessoas. Onde elas estão conversando?

☐ No Rio.   ☐ Em Minas Gerais.   ☐ No Rio Grande do Sul.

2. Ouça o diálogo novamente. Eles falam sobre

☐ o tempo   ☐ política.
☐ a cidade   ☐ leite.
☐ o trânsito

3. Quais das expressões abaixo aparecem no diálogo?

☐ Tenho certeza!   ☐ Quem, eu?   ☐ Sei dizer não senhor.
☐ Dizem que...   ☐ Na minha opinião...   ☐ Eu não sou daqui.

4. Que formas existem na sua língua para fugir a uma resposta? Pergunte ao/à professor/a como seriam em português.

E Pacotes, potes e saquinhos

1. Leia.

1 pacote de farinha
1 pacote de manteiga
1 pacote de macarrão
1 barra de margarina
1 pedaço de torta
1 barra de chocolate
1 lata de óleo
1 caixa de sucrilhos
1 quilo de arroz
1 dúzia de ovos
1 garrafa de vinho
1 litro de leite
1 fatia de presunto
1 saquinho de chá
1 rolo de papel alumínio
1 pote de iogurte
1 pé de alface
1 cabeça de alface
1 cabeça de alho
1 dente de alho
1 maço de cheiro-verde
1 cacho de uvas
1 cacho de bananas
1 vidro de maionese
1 tubo de mostarda

2. Relacione.

	de	
1 pacote		feijão
1 barra		café
1 tablete		palmito
1 lata		vinagre
1 caixa		bananas
1 quilo		fósforos
100 gramas		chá
1 dúzia		tomates
1 garrafa		água mineral
1 litro		brócolis
1 saquinho		sardinhas
1 rolo		alface
1 pote		geléia
1 pé		pão
1 cabeça		carne
1 dente		cigarros
1 maço		espinafre
1 cacho		laranjas
1 vidro		cerveja
1 tubo		açúcar
1 fatia		fermento
		cenoura
		patê
		salame
		papel higiênico
		papel-toalha
		flores
		queijo parmesão

3. Trabalhe com seu/sua colega.
Você vai ao supermercado fazer suas compras do mês. Faça uma lista do que você precisa.

4. Você quer fazer seu prato favorito, mas não tem nada em casa. O que você vai comprar?

131

Revisão

R1 Pessoas

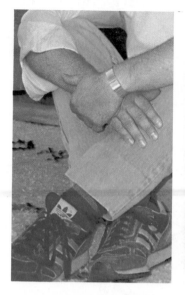

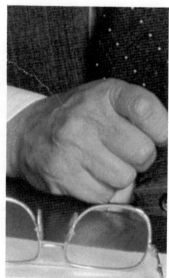

1. Fale com seus/suas colegas.
Que roupas as pessoas das fotos estão vestindo?
Imagine as pessoas por inteiro.
Ela é gorda, bonita, jovem, inteligente...?
Em quê elas trabalham? O que estão fazendo?

2. Trabalhe com uma/um colega.
Escolham duas pessoas acima.
Elas se encontram num barzinho.
Imaginem o diálogo entre elas.

Eu tenho que entrar já.

Porque você?

Eu sou seu pai.

Eu também trabalho.

Eu trabalho mais do que todos vocês.

WC

São 7 horas da manhã. A família Prado está levantando. Todos têm que se preparar para o dia de trabalho, mas só há um banheiro na casa. Você é um dos Prado — escolha entre os personagens abaixo — e precisa entrar no banheiro antes dos outros.

O pai tem de estar às 7:45 no escritório. Já chegou atrasado duas vezes esta semana.

A mãe prepara café para todos e depois sai para trabalhar.

Júlia, a filha mais velha, precisa de muito tempo para tomar banho e começa a trabalhar às 8:15.

O avô precisa tomar seus remédios pontualmente às 7:00. Os remédios estão no banheiro.

Ricardo, o filho do meio, tem que ir à faculdade. Tem prova às 8:00.

Você vai ouvir os recados que Luísa recebeu na secretária eletrônica.

1. 6 das 7 pessoas abaixo ligaram para Luísa. Numere na ordem em que ligaram.

○ a mãe da Luísa   ○ o chefe do Valter

○ Valter, o marido   ○ uma mulher (namorada do Valter?)

○ Joca, um amigo   ○ Fátima, a irmã   ○ um homem

2. O que as pessoas querem?

3. Escolha um dos recados e imagine a resposta da Luísa.

R

Lembra-se das regras do jogo da velha? Se não, veja na página 62.

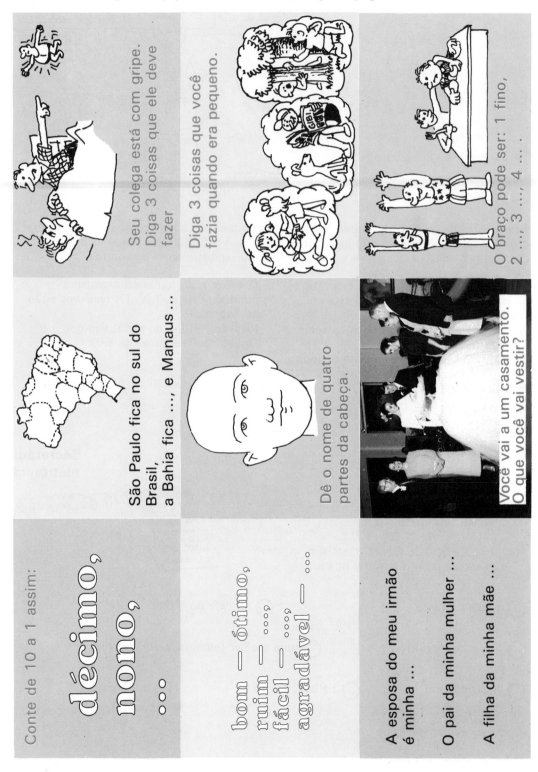

Seu colega está com gripe. Diga 3 coisas que ele deve fazer

Diga 3 coisas que você fazia quando era pequeno.

O braço pode ser: 1 fino, 2 ..., 3 ..., 4 ...

Conte de 10 a 1 assim:

décimo, nono, ...

São Paulo fica no sul do Brasil, a Bahia fica ..., e Manaus ...

bom — ótimo,
ruim — ...,
fácil — ...,
agradável — ...

Dê o nome de quatro partes da cabeça.

Você vai a um casamento. O que você vai vestir?

A esposa do meu irmão é minha ...

O pai da minha mulher ...

A filha da minha mãe ...

Conte de 10 a 20 assim:

décimo-primeiro ...
décimo- ...

O que você fez no fim-de-semana? (4 atividades).

Diga 7 profissões/ocupações.

O que você faria nas suas férias no Brasil?

Diga 4 cores do arco-íris.

Quem é de São Paulo é paulista,

quem é do Rio é ...,

quem é do Rio Grande do Sul é ...,

quem é de Minas Gerais é ...

Descreva um/a colega.
Ele/Ela é alegre, ..., ...

Ovos você compra em dúzias,
em ... em ...
em ... em ...

Roupa pode ser de seda,
de ..., ..., ...

R

135

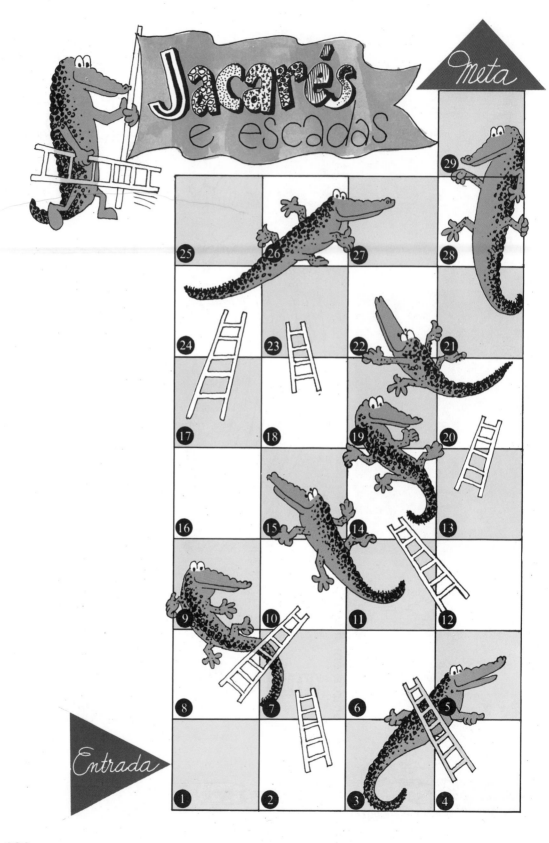

Instruções do jogo

1. Para o jogo você precisa de 2 peões e um dado

2. O jogo pode ser jogado por duas pessoas ou 2 grupos.

3. Em cada casa os jogadores têm de resolver uma tarefa.

4. Se a tarefa foi resolvida:
— o jogador pode subir a escada
(não é necessário resolver a tarefa de cima).
— não precisa descer pelo jacaré.

5. Se a tarefa não foi resolvida:
— o jogador não pode subir a escada.
— precisa descer pelo jacaré.
— fica uma rodada sem jogar se não há escada nem jacaré.

6. Ganha quem chega primeiro à meta com o número certo no dado.

Tarefas

1. Diga seu nome, sua profissão e nacionalidade.
2. Onde você mora (país, cidade, endereço)?
3. Convide seu/sua colega para ir ao cinema.
4. Apresente seu/sua colega.
5. A que horas começou a aula hoje?
6. Seu/Sua colega quer sair com você, mas você vai trabalhar.
Dê uma resposta.
7. Você não sabe uma certa palavra em português. Pergunte à professora.
8. Você está no restaurante para jantar. O que você vai pedir?
9. Você está no restaurante. Você quer saber o que seu amigo acha da comida.
10. Na próxima semana você quer passar 3 dias num hotel em Porto Alegre.
Faça a reserva.
11. Seu quarto no hotel tem problemas com o ar condicionado, o chuveiro e a cama. Fale com o gerente.
12. Descreva o caminho da sua casa ao supermercado.
13. Você está procurando uma casa nova. Explique o que você quer.
14. Descreva a sala da sua casa.
15. O que você faz normalmente às quartas-feiras?
16. O que você fez ontem?
17. Quando começam as estações no seu país?
18. Você está com gripe. Explique os sintomas ao médico.
19. Seu/Sua amigo/a está doente. O que você diz a ele/ela?
20. Você está procurando um marido/uma mulher pelo jornal. Descreva suas características.
21. Descreva um dia normal de trabalho.
22. O que você fazia quando tinha 6 anos?
23. Você vai encontrar uma pessoa especial. O que você vai vestir?
24. Seu amigo brasileiro tem um convite para um jantar. Diga a ele como se vestir, o que levar e a que horas chegar.
25. Quem faz parte da sua família?
26. Seu/Sua amigo/a faz aniversário hoje. O que você diz?
27. Uma amiga convida você para passar as férias com ela. Você não tem certeza se pode ir.
28. "Energia nuclear é bom para reduzir a poluição do ar."
Dê sua opinião.
29. Pense numa pessoa de quem você gosta muito. Fale sobre ela.

R

R6   Qual é o intruso?

1. Abaixo há vários grupos de palavras. Em cada grupo uma não combina com as outras. Diga qual é e por que ela é diferente.

sogro   tio   filho   pai

festa   casamento   viagem   aniversário

eu adoro   eu detesto   eu odeio   eu converso

orelha   nariz   braço   olho

terno   camisa   gravata   seda

elefante   papagaio   jacaré   tucano

2. Faça você uma lista destas. Seu colega tem que adivinhar quais palavras não combinam.

R7   Pingue-pongue

Trabalhem em 2 grupos.

Vocês têm 15 minutos para preparar 10 perguntas/tarefas sobre temas que vocês aprenderam no livro (Brasil, vocabulário, gramática, ...).

Por exemplo:
— Conjugue o verbo ser no presente.
— Qual é o feminino de alemão?
— O que é farofa?
— ...

Os 2 grupos se sentam em um círculo. Uma pessoa de um grupo pergunta a uma pessoa do outro. Ela tem 10 segundos para responder:
— se ela não sabe, sai do jogo. Quem fez a pergunta tem de dar a resposta certa. Se errar, sai também.
— se ela sabe, faz a pergunta seguinte.

Ganha o grupo com mais pessoas no fim do jogo.

O livro acabou. Talvez no próximo curso vocês não estejam mais juntos:
Por que não levar uma recordação dos/das colegas?

Festa brasileira   **R9**

Vocês vão dar uma festa brasileira. Do que vocês vão precisar?
Quem vai fazer o quê?

139

Fonética

Lição 1

 1.1 Ouça a fita e repita o alfabeto.

A [a]	F [ɛfⁱ]	K [ka]	P [pe]	U [u]
B [be]	G [ʒe]	L [ɛlⁱ]	Q [ke]	V [ve]
C [se]	H [aga]	M [emⁱ]	R [ɛRⁱ]	W [dablyᵘ]
D [de]	I [i]	N [enⁱ]	S [ɛsⁱ]	X [ʃis]
E [e]	J [ʒɔta]	O [ɔ]	T [te]	Y [ipsilõ]
				Z [ze]

 1.2 Ouça a fita e escreva as letras.

☐ ☐ ☐ ☐ ☐ ☐ ☐ ☐ ☐ ☐ ☐ ☐ ☐ ☐ ☐ ☐ ☐ ☐ ☐ ☐

1.3 Soletre seu nome.

Exemplo: Gilberto G [ʒe] I [i] L [ɛlⁱ] B [be] E [e] R [ɛRⁱ] T [te] O [ɔ]

 1.4 Ouça a fita e escreva os nomes.

_____ / _____ / _____ /

2.1 [s] **se escreve** / s, ss, c, ç /
   [z] **se escreve** / s, z, x /

[s]	[z]
sou	inglesa

Ouça a fita e relacione.

sou, inglesa, sobrenome, observe, ouça, holandesa, converse, exemplo, profissão.

 2.2 Ouça a fita e repita.

três	exercício
seis	dezessete
sou	treze
seu	dezoito
dois	dezesseis
dez	organizar

3.1 [e] se escreve / e, ê /
[ɛ] se escreve /e, é /

[e]	[ɛ]
ele	*ela*

Ouça a fita e relacione.

ele, é, seu, ela, ser, até, médico, eles, elas, eu, você, português.

3.2 Ouça a fita e repita.

Até-logo
Ele é médico.
Ela é enfermeira.
Eles são japoneses.
Meu nome é Gilberto.

4. [o] se escreve / o, ô /
[ɔ] se escreve / o, ó /

[o]	[ɔ]
senhor	*senhora*

Ouça a fita e relacione.

senhor, senhora, como, professor, professora, moro, morar, hotel, nome

5. Acentuação: os acentos gráficos (´ ou ^) indicam a sílaba tônica.

Leia os exemplos: **mé**dico, far**má**cia, pa**ís**, in**glês**, di**á**logo, ban**cá**rio

6. Entonação - Frases interrogativas

Ouça a fita e repita.

Como você se chama?
Onde ele mora?

Ele é inglês?
O senhor é americano?

Lição 2

1.1 [ẽ] se escreve / ã, am, an /
[ẽᵘ]se escreve / ão, am /

[ẽ]	[ẽᵘ]
alemã	*alemão*

Ouça a fita e relacione.

alemão, alemã, amanhã, são, irmã, irmão,
também, dançar, moram, falam, trabalham

1.2 Ouça a fita e marque as palavras que você ouviu.

então   amanhã   irmã   profissão   irmão   manhã

2.1 [ẽⁱ] se escreve / em /

Ouça a fita e repita: em, bem, tem, quem, também, cem, podem

2.2 Leia.

Tudo bem.	Eles têm tudo.
Eu também.	Quem tem uma caneta, por favor?

3. [e] / [ɛ] Leia.   ele/ ela   este / esta   estes / estas

4.1 [R] se escreve / r, rr /
[r] se escreve / r /

[R]	[r]
carro	*marido*

Ouça a fita e relacione.

carro, marido, repetir, restaurante, mora,
recado, corrigir, motorista, hora, para.

142

4.2 Ouça a fita e repita.

Que horas são?
Eles estão atrasados.
O motorista está no carro.
Repita o recado, por favor.

5. Acentuação

Em português a sílaba tônica pode ser

a última	- alemã, país, Paris -
a penúltima	- turismo, falam, dinheiro -
ou a antepenúltima sílaba	- médico, sábado, página.

Marque a sílaba tônica:

café, cafezinho, amigo, estudar, futebol, diálogo, médico, necessário.

Lição 3

1.1 [õ^u] se escreve / om, on /

Ouça a fita e repita: bom, com, onde, complete, garçon, horizonte

1.2 Ouça a fita e marque as palavras com o som [õ^u].

onze, alemão, proflssão, bom, pão, conta, Japão

2. [kwɐ] se escreve / qua /   [kwɛ̃] se escreve / quan/
[gwa] se escreve / gua /

Ouça a fita e repita.   qual, quando, quarta, quanto
água, língua, guarnição, guardanapo

3. [lj] se escreve / lh /

Ouça a fita e repita.   trabalha, colher, mulher, filho, grelhado,
escolha, toalha, bilhete

4. Entonação

Ouça a fita e repita.
Ele gosta de caipirinha?   Ele gosta de caipirinha.
Vamos jantar no sábado?   Vamos jantar no sábado.
Ele está com fome?   Ele está com fome

Lição 4

1.1 [ʃ] se escreve / ch, x /
[ʒ] se escreve / j, g /

[ʃ]	[ʒ]
gente	*preencha*

Ouça a fita e relacione.

gente, preencha, peixe, xícara, chá,
já, relógio, acho, agenda, chega,
jantar, longe, junto

smell

1.2 Ouça a fita e marque as palavras que você ouviu.

chama   jogo   <u>hoje</u>   chuveiro   <u>cheiro</u>   gente   peixe   já   <u>agenda</u>   chega
cerveja   <u>lanchonete</u>   xícara   <u>maracujá</u>

2.1 [ei] [ia] [iᵘ]   Leia.

[ei]   cheiro, chuveiro, brasileiro, barbeiro, dinheiro, camareira, enfermeira,
engenheira, aniversário

[ia]   diária, bancária, bilheteria, rodoviária, padaria

[iᵘ]   salário, escritório, empresário, aniversário

2.2 Leia.   Quanto é a diária?
O chuveiro não está funcionando.
Quando é seu aniversário?
A padaria fica na primeira esquina.

3. [nj] se escreve / nh /

Ouça a fita e repita.   tenho, senhor, dinheiro, banheiro, senhora, engenheiro,
cozinheiro

Leia.   Este senhor é cozinheiro.
Esta senhora é engenheira.
Eu não tenho dinheiro.
Eu quero um apartamento com banheiro.

4. Entonação

Ouça a fita e repita.   Pare!   Devagar!   Fale mais alto!   Repita, por favor!

144

Lição 5

1.1 [p] e [b]

[p]	[b]

Ouça a fita e relacione.

parede, bar, copo, bom, pão, par, barato, sabonete, sobrado, bebida

1.2 Leia.

Ele parou no bar e bebeu dois copos de cerveja.
Não gosto de bife com batatas fritas.
O problema é que não tem sabonete no chuveiro.
Que bom que você comprou pão!

2.1 [ĩ] se escreve / im, in /

Ouça a fita e repita.

mim, sim, jardim, inglês, jardins, língua

2.2 Leia.

Para mim ele não disse nem sim nem não.
A desvantagem é que não tem jardim.
Eles não entendem bem a língua inglesa.

3. / al / / au / se pronuncia [aᵘ]; / el / se pronuncia [eᵘ] [ɛᵘ]; etc.

O 'l' em final de sílaba se pronuncia como um [u] suave.

Ouça e a fita repita.
- qual, calma, principal, jornal, quintal
  sinal, comercial, almoçar, almofada
- aluguel, hotel, impossível
- filme, difícil
- último, multa
- lençol, bolsa

Lição 6

1. Ouça a fita e relacione as palavras de acordo com o som [ɔ], [o], [u]

[ɔ]	[o]	[u]
escola	por — como	
	todo	
nossa		
almoço	m	

escola, por, tudo, como, todo, nossa, o almoço, dois, eu almoço depois, morar, moro, ele gosta, tomo, tomar, uma, buscar

2.1 Ouça a fita e marque o que você ouviu.

tive	teve
estive	esteve
fiz	fez

prefiro	prefere
pude	pôde
fui	foi

2.2 Leia.

Tive muito serviço ontem à noite.
Ela esteve muito doente.
Eu estive com ela no sábado.
Não fiz o almoço porque não pude.

3. O / **x** / se pronuncia de várias maneiras em português.

Ouça a fita e classifique as palavras de acordo com o som.

[s]	[z]	[ʃ]	[ks]
sexta	exemplo	xícara	táxi
próxima	exame	texto	
sexto	exercício	peixe	
experiência	examinar	embaixo	
explicação			

sexta, exemplo, táxi
xícara, próxima, exame,
explicação, texto, peixe,
sexto, exercício, examinar
experiência, embaixo

Leia.

O próximo exercício é fácil.
Chame a faxineira.
Sexta-feira é dia de comer peixe.
O professor quer exemplos e explicações no exame.

Lição 7

1.1 [or] **ou** [ɔr]   Ouça a fita e marque o som que você ouviu.

	[or]	[ɔr]		[or]	[ɔr]
por	X		jornal	X	
enorme		X	dorme		X
corpo	X		forte		X
ordem		X	gordo	X	
dor	X		porta		X
norte		X	cortina	X	X
forma	X	X	sorte		X
zelador	X	X	menor		X
portão	X		cobertor	X	

146

1.2 Leia.

pôr em ordem
dor de dente
por favor

um corpo forte
um cobertor menor
uma porta enorme

perto | ter

2.1 [er] [er]   Ouça a fita e sublinhe as palavras com som [er].

moderno   perna   certo   concerto   interno   perto   unversidade   observe   dizer
comer   receber   quer   enfermeira   caderno   conversa   reserva

2.2 Leia.

Observe de perto o terceiro quarto.
Você está certo: este concerto está péssimo.
Ele não quer comer nem beber. Só dormir.

3.1 [t] [d]   Leia.

tudo	todo	dedo
tempo	tapete	doutor
tabela	tem	data

3.2 [tj] [dj]   Leia.

tia	dia	*s*
tinha	direito	
cortina	lindíssimo	
tipo	dieta	
dentista	médico	

3.3 Leia.

Não vou ao dentista todos os dias.
Hoje é o último dia do festival.
Neste salão tinha cortinas lindíssimas.
Esta dieta é ótima.

Lição 8

1.1 [s] [z] [ʃ] [ʒ]   Leia as palavras e escreva-as
nas colunas correspondentes.

[s]	[z]	[ʃ]	[ʒ]
salário	vazio	chato	janela
Azi	fazenda	churrus	julho
ansal		lanche	jinho
assor		acho	genial
anss		pass	

churrasco

salário, vazio, chato,
dicionário, churrasco, julho,
lanchonete, cansada, junho,
genial, péssima, passagem,
acho, janela, fazenda.

1.2 Leia.

Acho esta passagem simplesmente genial.
Esta lanchonete está cheia de gente chata.
Na semana passada, passei três dias na fazenda.

2. [R] [r] [l]

Ouça a fita e marque o som que você ouviu.

[R]	[r]	[l]

lado
rápido
rotina
vila
remédio
armário

[R]	[r]	[l]

tirar
ela
era
vira
leitura
resfriado

[R]	[r]	[l]

barulho
laranja
almoço
repita
operário
relógio

3. Leia.
- sobre, abrir, brasileiro
- pronto, prédio, dobrar
- trabalho, pedra, tranqüilo
- treze, fraco, cofre
- creme, escritório, livro
- magro, grave, criança

Lição 9

1.1 [õⁱ] **se escreve** / õe /
[ẽⁱ] **se escreve** / ãe /

Ouça a fita e repita. mãe pães mães alemães estações lições põem cartões

1.2 Marque o som que você ouviu.

Exemplo: ① mãe

	①	②	③	④	⑤	⑥	⑦	⑧	⑨	⑩	⑪	⑫
[ẽᵘ]												
[ẽⁱ]	X											
[õⁱ]												

1.3 Ouça a fita e repita.

mau - mão / sal - são / tal - tão / curaçao - coração /
mais - mães / pais - pães

2. Em português, algumas palavras têm a pronúncia do '**a**' (e o '**i**' em '**muito**') ligeiramente nasalizada por influência de um som nasal (**m,n,nh**) próximo.

Exemplos: cama [kẽmɐ] chama [ʃẽmɐ] manhã [mẽnjẽ] muito [muĩtᵘ]

Leia.
Esta cama parece de bom tamanho.
Chame Ana para jantar.
A sobremesa é banana flambada.
Esta semana só trabalho pela manhã.
Entramos, compramos e pagamos com cartão.

1.1 Ouça a fita. O 'o' nas duas palavras é idêntico?

	sim	não
avô - avó		
olho - olho		
corpos - corpos		
sogro - sogros		

	sim	não
ovo - ovo		
ovos - ovos		
ele pode - ele pôde		
eu almoço - o almoço		

1.2 Leia.

Minha avó não gosta de ovo.
Os olhos do meu avô eram pretos.
Ele não pode convidar os sogros e os avós para o almoço.

2. [ũ] e [u]

Ouça a fita e repita.

um - uma   num - numa
nenhum - nenhuma algum - alguma
nunca - nuca   mundo - mudo

3.1 No Brasil, o /e/ e o /o/ *em final de palavras,* quando não são acentuados, geralmente se pronunciam [i] e [u].

Ouça a fita e repita.

infelizmente, tarde, dele, parentes, eles,
sobrinho, filho, tios, casados, tudo, todo.

3.2 Leia.

○ Que foto horrível!   ○ Mas que família grande!
● Eu não acho.   ● É por isso que sou
                              contra o casamento.

○ Que jacaré mais chato!
● Esse papagaio é um
   leva-e-traz.

1.1 [f] e [v]   Ouça a fita e marque o som que você ouviu.

	[f]	[v]
fez		
vez		
velho		
filho		
fila		
vila		

	[f]	[v]
talvez		
vai		
vizinho		
fazenda		
vazio		
fechado		

1.2 Leia:

Acho que o filho mais velho da faxineira está com febre. Coitado! Ele tinha uma fazenda e hoje mora na favela. Tenho certeza que o vizinho fechou a casa e viajou de férias com a família.

2.1 [b] e [v]

Ouça a fita e marque o som que você ouviu.

	[b]	[v]
beber		
viver		
você		
buscar		
vende		

	[b]	[v]
verde		
bêbado		
banho		
bem		
vem		

2.2 Leia.

Este boa-vida vive bebendo pelos bares do bairro.
Leve as bagagens e avise que o barco está livre.
Talvez sirvam com a sobremesa um vinho branco bem gelado.

Lição 12

1.1 Ouça a fita e repita.

eu jogo	-	ele jogou
eu olho	-	ele olhou
eu compro	-	ele comprou

eles levaram	- eles levarão
eles leram	- eles lerão
eles saíram	- eles sairão

ele vende	-	eu vendi
ele sente	-	eu senti
ele bebe	-	eu bebi

1.2 Ouça a fita e repita.

a pronúncia	-	ele pronuncia	-	ele pronunciou
a dúvida	-	ele duvida	-	ele duvidou
o anúncio	-	ele anuncia	-	ele anunciou

2. Ouça a fita e repita.

tarde, morar, verde, vender, firma, sair, forma, amor durma, abajur

3. Ouça a fita e repita.

mineiro, dinheiro, minha, mina, caninha, menininha, nenhum

4. Ouça a fita e repita.

* O rato roeu a roupa do rei de Roma.
* Um tigre, dois tigres, três tigres.
* Um prato de trigo para três tigres.
* Num ninho de mafagafos três mafagafinhos há.
  Quem o desmafagafizar, bom desmafagafizador será.

Cidades: Guaratinguetá, Itaquaquecetuba, Araraquara, Itapetininga, Paranapiacaba

Apêndice gramatical

Observação

As informações contidas neste apêndice referem-se exclusivamente ao conteúdo das lições 1 a 12 deste livro.

Conteúdo

1 Substantivos e adjetivos	5.1 Contrações e combinações
1.1 Masculino — feminino	5.2 Algumas preposições
1.2 Singular — plural	**6 Conjunções**
2 Adjetivos	**7 Advérbios**
2.1 Comparativo	**8 Verbos**
2.2 Superlativo relativo	8.1 Conjugação de verbos regulares
2.3 Superlativo absoluto	8.2 Conjugação de verbos irregulares
3 Pronomes	8.3 Voz passiva
3.1 Pessoais	8.4 Emprego dos tempos verbais
3.2 Demonstrativos	8.5 Emprego de *ser* e *estar*
3.3 Possessivos	**9 Perguntas e respostas**
3.4 Indefinidos	9.1 Pronomes e advérbios interrogativos
4 Artigos	9.2 Respostas curtas
5 Preposições	**10 Negação**

1 Substantivos e adjetivos

1.1 Masculino — feminino (L1)

o filho	a filha
o professor	a professora
português	portuguesa
alemão	alemã
o artista	a artista
o dentista	a dentista
o estudante	a estudante
o gerente	a gerente
inteligente	inteligente
o colega	a colega
o chefe	a chefe
bom	boa
mau	má

Algumas palavras masculinas terminadas em -a

o cinema
o dia
o mapa
o problema
o programa
o sintoma
o sofá

G

151

1.2 Singular — plural (L7)

-a, -e, -i -o, -u	+ s	a cidade a irmã alemã	— as cidades — as irmãs — alemãs
-r -z -ês	+ es	a mulher o rapaz francês	— as mulheres — os rapazes — franceses
-m →	m̶ + ns	o homem bom	— os homens — bons
-al → -el → -ol → -ul →	l̶ + is	o animal o papel o lençol azul	— os animais — os papéis — os lençóis — azuis
-il ⌐	l̶ + eis	fácil difícil	— fáceis — difíceis
└	l̶ + s	civil gentil	— civis — gentis
-ão → → →	+ s ão̶ + ões ão̶ + ães	a mão o coração alemão	— as mãos — os corações — alemães

2 Adjetivos

2.1 Comparativo (L5)

O apartamento é	mais menos tão tão	caro	do que do que quanto como	a casa.

A casa é maior do que o apartamento.

grande	— maior
pequeno/a	— menor
bom/boa	— melhor
mau/má, ruim	— pior

2.2 Superlativo relativo

Fevereiro é o mês mais curto do ano.
São Paulo é a maior cidade do Brasil.
Esta casa é a menos bonita da rua.
De nossos carros, este modelo foi o menos vendido.

2.3 Superlativo absoluto — (L7)

-o → ø̸	+ íssimo	caro	— caríssimo
-e → é̸		lindo	— lindíssimo
		leve	— levíssimo
-vel → vel̸	+ bilíssimo	confortável	— confortabilíssimo
		horrível	— horribilíssimo

Este hotel é caríssimo, mas confortabilíssimo.

fácil — facílimo	bom/boa — ótimo	grande — máximo
difícil — dificílimo	mau/má, ruim — péssimo	pequeno — mínimo

3 Pronomes

3.1 Pessoais

Sujeito (L1)	Objeto direto	Objeto Indireto (L7)	Reflexivo (L9)
eu	me João me viu.	me, mim, comigo Ana me escreveu. Ela escreveu para mim. Ana falou comigo.	me Eu me visto.
você ele ela	o, a, -lo, -la João o viu. João quer vê-lo. (L5)	lhe Ana lhe escreveu. Ana escreveu para você/ele/ela.	se Você/Ele/Ela se veste.
nós	nos João nos viu.	nos, conosco Ana nos escreveu. Ana escreveu para nós.	nos Nós nos vestimos.
vocês eles elas	os, as, -los, -las João os viu. João quer vê-los. (L5)	lhes Ana lhes escreveu. Ana escreveu para vocês/eles/elas.	se Vocês/eles/elas se vestem.

3.2 Demonstrativos

este, esta (L2) estes, estas isto	Este livro aqui é meu. Eu não entendo isto.
esse, essa esses, essas isso	Esse livro aí é meu. Eu não quero isso.
aquele, aquela aqueles, aquelas aquilo	Aquele livro ali/lá é meu. Eu não escreví aquilo.

3.3 Possessivos

pessoais	possessivos	
eu	meu, minha (L2) meus, minhas	meu amigo/ minha amiga meus amigos/ minhas amigas
você	seu, sua (L3) seus, suas	seu amigo/ sua amiga seus amigos/ suas amigas
ele ela	dele (L4) ⊢ seu, sua, seus, suas dela	o amigo dele/ seu amigo a amiga dele/ sua amiga o amigo dela/ seu amigo a amiga dela/ sua amiga
nós	nosso, nossa (L2) nossos, nossas	nosso amigo/ nossa amiga nossos amigos/ nossas amigas
vocês	seu, sua (L3) seus, suas	seu amigo/ sua amiga seus amigos/ suas amigas
eles elas	deles (L4) ⊢ seu, sua, seus, suas delas	o amigo deles/ seu amigo a amiga deles/ sua amiga o amigo delas/ seu amigo a amiga delas/ sua amiga

3.4 Indefinidos

todo toda todos os todas as tudo	Todo dia. Todos os dias. Eu sei tudo.	! Ela trabalha o dia todo. = o dia inteiro

algum alguma alguns algumas alguém algo	Comprei alguns livros. Alguém ligou? Você sabe algo sobre a Bahia?
nenhum nenhuma ninguém nada	o Quantos livros ele leu? • Nenhum. o Quem ligou? • Ninguém. o O que você quer? • Nada.
cada qualquer vários	Cada um de vocês vai ganhar um chocolate. o O que você quer beber? • Qualquer coisa. o Quantos namorados ela tem? • Vários.

4 Artigos

Definidos: o, a, os, as
Indefinidos: um, uma, uns, umas

Nomes de países têm artigo.
o Brasil, a França, os Estados Unidos

Nomes de cidades não têm artigo.
São Paulo, Paris, Londres

Algumas exceções: Portugal, Cuba, Israel

Algumas exceções: o Rio, o Cairo, o Porto

5 Preposições

5.1 Contrações e combinações

em +	o, a, os, as	→	no, na, nos, nas
	um, uma, uns, umas	→	num, numa, nuns, numas
	este, esta, estes, estas	→	neste, nesta, nestes, nestas
	esse, essa, esses, essas	→	nesse, nessa, nesses, nessas
	aquele, aquela, aqueles, aquelas	→	naquele, naquela, naqueles, naquelas,
	ele, ela, eles, elas	→	nele, nela, neles, nelas
de +	o, a, os, as	→	do, da, dos, das
	um, uma, uns, umas	→	dum, duma, duns, dumas
	este, esta, estes, estas	→	deste, desta, destes, destas
	esse, essa, esses, essas	→	desse, dessa, desses, dessas
	ele, ela, eles, elas	→	dele, dela, deles, delas
por +	o, a, os, as	→	pelo, pela, pelos, pelas

5.2 Algumas preposições

lugar	tempo	outros
em cima de	antes de	a
embaixo de	depois de	até ("Até ele sabe!")
em frente de	durante	com
atrás de	desde (desde ontem)	contra
perto de	até (até agora)	de
longe de	após (após dez horas)	em
ao lado de		para
dentro de		por
fora de		sem
entre		sobre ("Fale sobre ela.")
desde (desde o Rio)		
até (até São Paulo)		

G

6 Conjunções

e	Ela trabalha e estuda.
que	Eu acho que é necessário ter férias.
mas	Ela trabalha o dia todo, mas ganha pouco.
porque	Eles estão em greve porque o salário é baixo.
por isso	O salário é baixo, por isso estão em greve.
quando	Eu estava trabalhando quando ela telefonou.
enquanto	Ela estava trabalhando enquanto eu estava dormindo.
se	Eu não sei se ele pode ajudar.
tão... como/quanto	Ela é tão competente como/quanto ele.
como	Faça como eu (faço).

7 Advérbios

7.1 Formação em *-mente*

adjetivo	advérbio
calmo/a	calmamente
fácil	facilmente

7.2 Advérbios de modo

O trabalho é fácil. Eu o fiz facilmente.
Ele é um bom cozinheiro. Ele cozinha bem.

depressa
devagar
bem
mal

7.3 Alguns advérbios de tempo

já	de vez em quando	na semana passada
ainda	às vezes	na semana que vem
logo	três vezes por semana	de manhã
antigamente		de/à noite
por enquanto		de/à tarde

7.4 Alguns advérbios de intensidade

muito	Comprei muitas flores muito bonitas.
pouco	Ele tem poucos amigos porque sai pouco.
demais	Ele fuma demais.

8 Verbos

8.1 Conjugação — Verbos regulares

	Presente	Pretérito perfeito *(simple past)*	Pretérito imperfeito *(Continuous past)*	Indicativo Futuro do presente	Futuro do pretérito *(Conditional)*	Mais-que-perfeito simples	Mais-que-perfeito composto	Subjuntivo Presente	
-ar	falo fala falamos falam	falei falou falamos falaram	falava falava falávamos falavam	falarei falará falaremos falarão	falaria falaria falaríamos falariam	falara falara faláramos falaram	tinha falado tinha falado tínhamos falado tinham falado	fale fale falemos falem	**Imperativo:** fale, falemos, falem **Infinitivo:** falar **Gerúndio:** falando **Particípio:** falado
-er	como come comemos comem	comi comeu comemos comeram	comia comia comíamos comiam	comerei comerá comeremos comerão	comeria comeria comeríamos comeriam	comera comera comêramos comeram	tinha comido tinha comido tínhamos comido tinham comido	coma coma comamos comam	**Imperativo:** coma, comamos, comam **Infinitivo:** comer **Gerúndio:** comendo **Particípio:** comido
-ir	abro abre abrimos abrem	abri abriu abrimos abriram	abria abria abríamos abriam	abrirei abrirá abriremos abrirão	abriria abriria abriríamos abririam	abrira abrira abríramos abriram	tinha aberto tinha aberto tínhamos aberto tinham aberto	abra abra abramos abram	**Imperativo:** abra, abramos, abram **Infinitivo:** abrir **Gerúndio:** abrindo **Particípio:** aberto

G

8.2 Conjugação – Verbos irregulares

	Indicativo							Subjuntivo	
Presente	**Pretérito perfeito**	**Pretérito imperfeito**	**Futuro do presente**	**Futuro do pretérito**	**Mais-que-perfeito simples**	**Mais-que-perfeito composto**		**Presente**	
d a r — dou / dá / damos / dão	dei / deu / demos / deram	dava / dava / dávamos / davam	darei / dará / daremos / darão	daria / daria / daríamos / dariam	dera / dera / déramos / deram	tinha dado / tinha dado / tínhamos dado / tinham dado		dê / dê / demos / dêem	**Imperativo:** dê, demos, dêem **Infinitivo:** dar **Gerúndio:** dando **Particípio:** dado
d i z e r — digo / diz / dizemos / dizem	disse / disse / dissemos / disseram	dizia / dizia / dizíamos / diziam	direi / dirá / diremos / dirão	diria / diria / diríamos / diriam	dissera / dissera / disséramos / disseram	tinha dito / tinha dito / tínhamos dito / tinham dito		diga / diga / digamos / digam	**Imperativo:** diga, digamos, digam **Infinitivo:** dizer **Gerúndio:** dizendo **Particípio:** dito
e s t a r — estou / está / estamos / estão	estive / esteve / estivemos / estiveram	estava / estava / estávamos / estavam	estarei / estará / estaremos / estarão	estaria / estaria / estaríamos / estariam	estivera / estivera / estivéramos / estiveram	tinha estado / tinha estado / tínhamos estado / tinham estado		esteja / esteja / estejamos / estejam	**Imperativo:** esteja, estejamos, estejam **Infinitivo:** estar **Gerúndio:** estando **Particípio:** estado
f a z e r — faço / faz / fazemos / fazem	fiz / fez / fizemos / fizeram	fazia / fazia / fazíamos / faziam	farei / fará / faremos / farão	faria / faria / faríamos / fariam	fizera / fizera / fizéramos / fizeram	tinha feito / tinha feito / tínhamos feito / tinham feito		faça / faça / façamos / façam	**Imperativo:** faça, façamos, façam **Infinitivo:** fazer **Gerúndio:** fazendo **Particípio:** feito

i **r**	vou vai vamos vão	fui foi fomos foram	ia ia íamos iam	irei irá iremos irão	iria iria iríamos iriam	fora fora fôramos foram	tinha ido tinha ido tínhamos ido tinham ido	vá vá vamos vão	**Imperativo:** vá, vamos, vão **Infinitivo:** ir **Gerúndio:** indo **Particípio:** ido
p **r** **e** **f** **e** **r** **i** **r**	prefiro prefere preferimos preferem	preferi preferiu preferimos preferiram	preferia preferia preferíamos preferiam	preferirei preferirá preferiremos preferirão	preferiria preferiria preferiríamos prefeririam	preferira preferira preferíramos preferiram	tinha preferido tinha preferido tínhamos preferido tinham preferido	prefira prefira prefiramos prefiram	**Imperativo:** prefira, prefiramos, prefiram **Infinitivo:** preferir **Gerúndio:** preferindo **Particípio:** preferido
p **o** **d** **e** **r**	posso pode podemos podem	pude pôde pudemos puderam	podia podia podíamos podiam	poderei poderá poderemos poderão	poderia poderia poderíamos poderiam	pudera pudera pudéramos puderam	tinha podido tinha podido tínhamos podido tinham podido	possa possa possamos possam	**Imperativo:** possa, possamos, possam **Infinitivo:** poder **Gerúndio:** podendo **Particípio:** podido
p **ô** **r**	ponho põe pomos põem	pus pôs pusemos puseram	punha punha púnhamos punham	porei porá poremos porão	poria poria poríamos poriam	pusera pusera puséramos puseram	tinha posto tinha posto tínhamos posto tinham posto	ponha ponha ponhamos ponham	**Imperativo:** ponha, ponhamos, ponham **Infinitivo:** pôr **Gerúndio:** pondo **Particípio:** posto
q **u** **e** **r** **e** **r**	quero quer queremos querem	quis quis quisemos quiseram	queria queria queríamos queriam	quererei quererá quereremos quererão	quereria quereria quereríamos quereriam	quisera quisera quiséramos quiseram	tinha querido tinha querido tínhamos querido tinham querido	queira queira queiramos queiram	**Imperativo:** queira, queiramos, queiram **Infinitivo:** querer **Gerúndio:** querendo **Particípio:** querido
s **a** **b** **e** **r**	sei sabe sabemos sabem	soube soube soubemos souberam	sabia sabia sabíamos sabiam	saberei saberá saberemos saberão	saberia saberia saberíamos saberiam	soubera soubera soubéramos souberam	tinha sabido tinha sabido tínhamos sabido tinham sabido	saiba saiba saibamos saibam	**Imperativo:** saiba, saibamos, saibam **Infinitivo:** saber **Gerúndio:** sabendo **Particípio:** sabido

G

		Indicativo							Subjuntivo	
	Presente	Pretérito perfeito	Pretérito imperfeito	Futuro do presente	Futuro do pretérito	Mais-que-perfeito simples	Mais-que-perfeito composto		Presente	
s e r	sou é somos são	fui foi fomos foram	era era éramos eram	serei será seremos serão	seria seria seríamos seriam	fora fora fôramos foram	tinha sido tinha sido tínhamos sido tinham sido		seja seja sejamos sejam	**Imperativo:** seja, sejamos, sejam **Infinitivo:** ser **Gerúndio:** sendo **Particípio:** sido
t e r	tenho tem temos têm	tive teve tivemos tiveram	tinha tinha tínhamos tinham	terei terá teremos terão	teria teria teríamos teriam	tivera tivera tivéramos tiveram	tinha tido tinha tido tínhamos tido tinham tido		tenha tenha tenhamos tenham	**Imperativo:** tenha, tenhamos, tenham **Infinitivo:** ter **Gerúndio:** tendo **Particípio:** tido
t r a z e r	trago traz trazemos trazem	trouxe trouxe trouxemos trouxeram	trazia trazia trazíamos traziam	trarei trará traremos trarão	traria traria traríamos trariam	trouxera trouxera trouxéramos trouxeram	tinha trazido tinha trazido tínhamos trazido tinham trazido		traga traga tragamos tragam	**Imperativo:** traga, tragamos, tragam **Infinitivo:** trazer **Gerúndio:** trazendo **Particípio:** trazido
v e r	vejo vê vemos vêem	vi viu vimos viram	via via víamos viam	verei verá veremos verão	veria veria veríamos veriam	vira vira víramos viram	tinha visto tinha visto tínhamos visto tinham visto		veja veja vejamos vejam	**Imperativo:** veja, vejamos, vejam **Infinitivo:** ver **Gerúndio:** vendo **Particípio:** visto
v i r	venho vem vimos vêm	vim veio viemos vieram	vinha vinha vínhamos vinham	virei virá viremos virão	viria viria viríamos viriam	viera viera viéramos vieram	tinha vindo tinha vindo tínhamos vindo tinham vindo		venha venha venhamos venham	**Imperativo:** venha, venhamos, venham **Infinitivo:** vir **Gerúndio:** vindo **Particípio:** vindo

8.3 Voz passiva

Formação: ser + Particípio

Presente:	fazer	— O trabalho é feito por nós.
Pretérito perfeito:	ver	— A mulher foi vista por todo mundo.
Pretérito imperfeito:	ler	— As cartas eram lidas pelo secretário.
Futuro do presente:	vender	— Os jornais serão vendidos na rua.

8.4 Quadro geral do emprego dos tempos verbais.

Indicativo

Presente:	Ele trabalha bem.
Presente contínuo:	Ele não está trabalhando bem agora.
Pretérito perfeito:	Ontem ele trabalhou bem.
Pretérito imperfeito:	Antigamente ele trabalhava bem.
	Quando eu o vi, ele estava trabalhando.
	Eu estava dormindo enquanto ela estava trabalhando.
Futuro imediato:	Ele não vai trabalhar amanhã.
Futuro do presente:	Ele não trabalhará amanhã.
Futuro do pretérito:	Com mais paciência, ele trabalharia melhor.
Mais-que-perfeito	
simples:	Ela estava cansada porque trabalhara muito.
composto:	Ela estava cansada porque tinha trabalhado muito.

Subjuntivo

Presente:	Eu não quero que você trabalhe.
	Eu duvido que você me ame.
	É pena que ele não goste de mim.

Imperativo

Trabalhe! Não trabalhe!
Trabalhem! Não trabalhem!

8.5 *Ser e estar*

ser

a) posse	Este carro é meu.
b) nacionalidade/origem	Ele é do Brasil.
c) material	O copo é de cristal.
d) profissão/cargo	Ele é médico. Ele é diretor do hospital.
e) tempo (cronológico)	São 7 horas. É verão agora.
f) expressões impessoais	É melhor assim. É bom pensar. É importante esperar.
g) voz passiva	O livro foi escrito por quatro autores.

estar

qualidade temporária	Ele é uma pessoa alegre, mas hoje está triste.
	A casa está limpa. Tudo está em ordem agora.
	Eu estou em Lisboa (Lisboa é em Portugal).

G

9 Perguntas e respostas

9.1 Pronomes e advérbios interrogativos

○ O que você quer?   ● Nada.
○ Onde estão as chaves?   ● Na gaveta.
○ Quem é aquele homem?   ● Roberto, meu irmão.
○ Como você veio?   ● De táxi.
○ Quando você vai ao Rio?   ● Amanhã.
○ Por que você não vai à praia?   ● Porque tenho que trabalhar.
○ Qual blusa você quer, a azul ou
   a verde?   ● A azul.
○ Quanto custa este computador?   ● Dois mil.
○ Quanto/a açúcar/água você quer?   ● Só um pouco.
○ Quantos/as alunos/as vieram
   hoje?   ● Quinze.

9.2 Respostas curtas

Raramente se usa 'Sim' na resposta afirmativa.

○ Você quer sair?   + ● Quero
                  − ● Não, não quero.

○ Vocês podem esperar?   + ● Podemos.
                  − ● Não, não podemos

10 Negação

a) Ele não é meu amigo.
b) Ninguém viu o acidente.
c) Eu não vi ninguém.
   Eu não ouvi nada.

Vocabulário alfabético

— Esta lista apresenta todas as palavras contidas nos diálogos, exercícios, textos e explicações gramaticais.
— De acordo com a concepção didática do livro, ela não contém o vocabulário dos textos de audição e leitura.
— Segue-se cada palavra a indicação da lição e da parte em que ela aparece pela primeira vez.Exemplo: abril L6C3 : a palavra abril aparece pela primeira vez na lição 6, parte C3.
— Quando necessário, indica-se entre parênteses a classe da palavra:(art.) = artigo (adj.) = adjetivo (adv.) = advérbio (conj.) = conjunção (prep.) = preposição (pron.) = pronome (reflex.) = pron. reflexivo (verbo)
— A indicação m (masculino) e f (feminino) acompanha o substantivo cujo gênero não é óbvio.
— Para substantivos com a terminação -ão indica-se, além do gênero, a forma do plural.Exemplo: agitação f -es L7A1
— Para adjetivos com terminação -ão, indicam-se as formas do feminino, do plural masculino e do plural feminino.Exemplo: alemão -ã, -ães, -ãs L1A3

A

a (artigo) L1A4
  a gente L11B1
  a senhora L1A2
  as senhoras L1B1
a (prep.) L2A2
  a combinar L5D1
  à noite L2A2
  a partir de L11B1
  a que horas? L2A4
  à vista REV1R2
  ao meio-dia L2A2
  às suas ordens L4A1
  às vezes L6A1
a (pron.) L6A1
abacate m L3A2
abacaxi f L3A2
abafado L4A3
abaixo L2C2
abajur m L5C2
aberto L7C1
abril L6C3
abrir L4A4
absorver L12B3
absurdo L12B2
acabar L9C
  acabar de L10A2
academia L6C1
açaí m L11D1
acampar L11A1
ação f -ões L8B4
aceitar L11A3
aceito L8D1
acessório L9A3
achar L4A4
  achar (encontrar) L6C2
  acho que L4A4
  acho lindo L7A1
acontecer L9B6
acordar L6C1
acostumar L7A4
açúcar m L7A3
adequado L1B3

adiantado L2A3
adiantamento L8E
adivinhar L7C1
adjetivo L6D2
administração f -ões L8C1
admissão f -ões L8C1
admitir L8C1
adolescente L6A1
adorar L12A2
adulto REV1R2
África L9B5
africano L12A1
agência L4B5
agenda L2A5
agitação f -ões L7A1
agora L1C
agosto L6C3
agradável L7B3
agressivo L8C1
agrícola L12A1
agricultura L12A1
água L3A3
  água mineral L3A3
  água mineral com gás L3A3
aguardar L3B4
agüentar L7A4
aí L9B3
ainda L5A3
ajuda L5D2
ajudar L5A1
álbum REV2R8
alegre L7C1
além L10A2
  além disso L10A2
alemão -ã, ães, ãs L1A3
Alemanha L1B3
alface m L3A3
algarismo L1E2
algo L11B4
algodão m -ões L9A1
alguém L9B2
algum L2E1
alho L12E

ali L9B3
alimentação f -ões L11A4
almoçar L2A2
almoço L2C1
almofada L5A4
alpinismo L11A1
alternativa L12A2
alto L7E
altura L7A3
alugado L11A4
alugar L5A1
aluguel m L5A3
alumínio L12E
aluno L2E1
alvorecer L10C1
amanhã L2A2
amarelo L9A1
Amazônia L9B5
ambiental L11C3
ambiente m L4D1
ambulante L6C1
amendoim m L4C1
americano L1A3
amigo L2A1
amor m L9B1
andar m L5A1
andar (verbo) L4A4
  andar com dor de L7A3
  andar elegante L9A3
anel m L9A3
animal m REV1R2
aniversário L3E1
ano L4D1
  anos 70 L7A1
anteontem L10B3
anterior L10B4
antes REV1R1
  antes de L3A2
antigamente L8A4
antipático L7C1
anunciar L8E
anúncio L3D4
ao lado L4A3

V

ao longo de L10C1
ao ponto L3A3
aparecer L9C
aparelho L5C2
   aparelho de som L5C2
apartamento L4A1
apenas L7C1
aperitivo L3A2
apontar L4D1
aposentado L4D2
aposentadoria L10E
aposentar(-se) L8E
aprender L3B4
aproveitar L6C1
aqui L4A2
ar L4A2
   ar condicionado L4A2
arco-íris REV2R4
área L4E2
   área de serviço L5A1
Argentina L1B3
árido L12A1
armário L5A1
   armário embutido L5A1
arquiteto L1A4
arroz m L3A3
arrumar L4C1
arte m L3B2
artigo L3B2
artista L1C
asparg o L3A3
assado L3A3
assessor L6C1
assim L2C2
assinalar L12D1
assistir L4B4
associar L9E1
até L4C2
   até-lógo L1A4
Atenas L1B3
atender L6A1
atividade f L2A2
ativo L7C1
atrás L4E1
atrasado L2A3
atraso L9C
atriz L1D1
aula L2A5
aumentar L5B1
aumentativo L11E1
ave f L3A3
avenida L4B3
avião m -ões L4B5
avisar L8E
aviso L8E
avô, avó L10A1
avós L10A1
avulso L10D1
axé L12C1
azarado L11A3

azeite m L12C2
azul L4E1

B

bagagem f L4A2
baile m L10C1
bairro L5A1
baixo L4B2
ballet m L6A1
bancário L1C
banco L1C
banheiro L4C1
banho L6C1
banqueiro L11E3
bar L4C1
   barzinho REV2R1
   frigo-bar L4A2
barato L5A3
barco L6C1
barra L12E
barriga L7A2
barulhento L4A3
barulho L4A2
batata L3A3
   batata frita L3A3
bater L5A2
batida L3A2
bauru m L3A4
bêbado L3B4
beber L3A3
bebida L3A3
bege L9E1
bem L2A1
   bem cedo L2C2
   bem passado L3A3
   tudo bem L2A1
biblioteca L1B3
bicicleta L8B2
bife m L3A3
   bife a cavalo L3A3
bilhete m L1D2
bilheteria L4B4
biquini m L9A3
blusa L9A1
boca L7A1
boi L12D1
bolsa L2B1
bom L1A1
   bom-dia L1A1
   boa-noite L1A1
   boa-tarde L1A1
   boa-vida L11A3
   boas entradas L10C2
bonde m L4C2
boneca L8B2
bonito L4B2
borracha L2B1
bosque m L4A4
botão m -ões L10C1
braço L7A1

branco L9A1
Brasil L1A4
brasileiro L1C
brincar L8B2
brinco L9A3
brisa L11D2
brócole m L3A3
Bumba-meu-boi L12D1
busca L1D1
buscar L6A1

C

cá L6A1
cabeça (corpo) L7A1
   cabeça (de alface) L12E
cabelo L7C1
cacho L12E
cada L4D1
   cada um L5A3
cadê L9B3
cadeira L5A4
caderno L2B1
café m L6A1
   café-da-manhã REV1R2
cafezinho L2A2
caipirinha L6B5
caixa m L9A2
caixa f L12E
caju m L12C2
calça L9A1
calcinha L9A1
calendário L6C3
calma L7A4
calmo L7C
calor m L8B6
caloria L3E1
cama L4A3
camarão m -ões L3A3
camareira L4C1
caminhada L6C1
caminhão m -ões L11C3
caminho L4C2
camisa L9A1
camiseta L9A1
campo L10E
cana-de-açúcar L12A1
canadense L1A3
canção f -ões L11D2
candidato L8C1
canela L10B5
caneta L2B1
canja L3A3
canjica L12C2
cansado L3A1
cansativo L6C1
cantor L7B4
capital f L10A2
característica L7C1
caracterizar L7C1
carambola L3A2

caramelo L3A3
cardápio L3A2
careca L7C1
carioca L6D2
carnaval L6C3
carne L3A3
caro L4A2
carpete m L5D1
carreira L8C2
carro L1C
carta (escrever carta) L3B4
carta (jogar carta) L8B6
cartão (de crédito) m -ões
   L9A2
cartão (postal) m -ões L10B4
carteiro L11E3
casa L2E1
casa (jogo) REV1R2
casado L6B1
casamento L9A3
casar L10A2
castanha L12C2
castanho L7C1
cedo L2C2
cena L6C1
cenoura L3A3
centro L4B2
Centro-Oeste L12A1
cerimônia L9B6
certeza L9A3
certo? L4A1
certo L11C3
cerveja L3A3
chá m L3E2
chamar L5A3
chamar-se L1A2
charme m L7D2
chato (adj.) L8B6
chato (subst.) L10B3
chave f L5A1
chefe L2B1
chegada L10D1
chegar L2C2
cheio L10A2
cheiro L4A3
   cheiro-verde L12E
cheque m L9A2
chimarrão m -ões L12A2
China L9B5
chinês L12B1
chocolate m L9C
churrascaria L7A4
churrasco L3D1
chuveiro L4A3
cidadão m f -ã, ãos, ãs L11E1
cidade f L1B3
cigarro L12E
cima L4A2
cineasta L1D1
cinema L2A2
cinto L9A3

cinza L9A1
circulação f -ões L11C3
círculo REV2R7
civil L7B4
   estado civil L8C1
   direitos civis L11E1
claro L2E1
   está claro? L2E1
   claro! L6B5
   cor clara L9A1
classe L3B5
classificar L12A2
cliente L6C1
clima L6C1
clube m L2B2
cobertor m L5A4
cobrador L8D2
Coca L3A4
coco L3A2
cofre m L8B3
coisa L5A1
coitado L7A4
colar m L9A3
colega L1E2
colheita L11D1
colher f L3E2
   colher de chá L3E2
   colher de sobremesa L3E2
   colherinha L3E2
colocar L5C2
coluna L10E
com L1C
comando L1C
combinar L2B3
começar L1B2
começo L7A4
comemorar L10C1
comer L3B4
comercial (adj.) L5A3
comercial m L6C1
comerciante L1C
comércio REV1R2
comida L5B2
como L1A1
   como vai? L2A1
   como se fala em português?
   L2E1
   como de costume L6C1
   como é grande! L6A1
cômodo L5A2
companhia L8E
comparação f -ões L4B3
comparar L5A3
competir L8A4
completar L1B2
completo L3D4
complicado L7C1
comportamento L9C
comportar-se L11A3
composto L10B4

comprar L2B4
compras L6A1
comprido L7E
compromisso L6B3
computador m L5D2
computar L5D2
comum L12C2
comunicação f -ões L2E1
comunicativo L7C1
concerto L2A2
concordar L8A1
condomínio L5A3
confecção f -ões L8C2
confortável L5C1
conforto L4C1
confraternização f -ões L6C3
conhecer L4A4
conhecer L10A2
conjugação f -ões L6B4
conjugar L6B4
conjunto L9A1
conosco L10A2
conquistar REV1R2
conseguir L10E
consertar L11E3
conservador L7C1
Constituição f -ões L8A3
construção f -ões L5D2
construir L5D2
consultar L4C2
consumo L11C3
conta (restaurante) L3A3
conta (banco) L9B1
contar L12A2
contente L3D1
conteúdo L11D1
continuar L3D1
contramão f L4E1
contrário L12A2
conversa L12D2
conversar L2C1
convidar L2D2
convite m L2C2
cooper m L4B5
copo L3E2
coquetel m L9A3
cor f L9A1
coração m -ões L7A3
coronel m L10B5
corpo L7A1
correção f -ões L10D1
corredor m L9E2
correio L5A3
correr L3B4
correspondência L4B4
corresponder L10D1
correto L3D4
corrida L0B4
corrigir L1C
cortina L5C2

costas L7A3
costumar L9C
costume m L6C1
cotidiano L9A3
cotovelo L7A2
couro L9A1
couve-flor f L3A3
cowboy L8B2
cozinha L5A1
cozinha (culinária) L12C2
cozinheiro L1A4
cravo L10B5
creme m L3A3
criação f -ões L12A1
criança L4B5
cueca L9A1
cuidado L8C1
cuidar L8A4
culinária L12C1
culpado L8D2
cultura L12C1
cultural L7A1
cumprimentar L10C2
cunhado L10A1
Curriculum Vitae L8C1
curso L9B6
curto L9E2
custar L7D2
custo L5D2

D
dado (informação) L10A2
dado (jogo) REV2R5
dançar L2B3
daqui L4A4
dar L6A1
   dar certo L5A3
   dar origem L7A1
   dar trabalho L6A1
data L10C2
de L2A2
   de manhã L2A2
   10 de novembro L4A1
   dor de cabeça L3D4
   jogo de futebol L2A2
   sapato de couro L9A1
de ... a L2A5
de acordo com L10E
de bem com L11D1
de frente L4A2
de fundo L4A2
de jeito nenhum L4E1
de quanto é L4A2
de vez em quando L6A1
decidir L4B4
decoração f -ões L5C2
dedo L7A2
definição f -ões L8E
deixar (fazer) L7C1
deixar (o emprego) L8E

dela L4A2
dele L4B2
delícia L12C2
demais L7A3
demissão f -ões L8E
demitir L8E
demonstrativo L2B1
dendê m L12C2
dente m L7A3
   dente de alho L12E
dentista L2A5
dentro L3C
   dentro de L3C
depende L11A2
depender L11A2
depois L2D1
   depois de L3B5
depressa L9B4
descansar L8A1
descer L4C2
descontente L3D1
descrever L5A3
descrição f -ões L8B3
desculpar L8A2
desejo L11B2
desembaraçado L7C1
desemprego L11C3
desenhar L5C1
desenho L5A4
desenvolver L9B6
desistir L4B4
desmatamento L11C3
desordem f L4C1
despesa L5B3
desvantagem f L5A3
detalhe m L5C1
detestar L12A2
Deus L6A1
   gracas a Deus! L6A1
   pelo amor de Deus! L9B1
devagar L4B7
dever m L8A1
devolver L12D1
dezembro L6C3
dia m L1A1
   dia-a-dia L6A1
diagonal REV1R2
diálogo L1C
diária L4A2
diariamente L8E
dicionário L5D2
dieta L7A3
diferença L8A3
diferente L5A2
difícil L4B2
digno L8A1
diminuir L5B3
diminutivo L11E2
dinheiro L2B4
direita L4A5

direito (subst.) L8A1
direito L7A1
   direito (olhe direito) L7A1
   direito (braço direito) L7E
diretor L4B4
dirigir L4C2
discar L3D4
discriminação f -ões L12B3
discriminar L12B3
discutir L4B4
disponibilidade f L8C1
distância REV1R2
dividido L12A1
dividir L4B4
divisão f -ões L5A2
divorciado L10A2
dizer L3D4
dobrado L8A4
doce L3A5
documento L4A2
doença L7A3
doente L6C1
doméstico L4B2
domingo L2A2
dono L6A1
   dona-de-casa L6A1
dor f L7A3
dormir L4B6
dormitório L5A1
doutor L7A3
droga L7A4
drogaria L4C2
duplo L4A1
durante L5B3
duro L4A3
dúvida L2E1
duvidar L11B2
duvidoso L10C1
dúzia L12E

E
e L1A2
   e meia L2A3
   e o que mais L3A3
é que L4A3
é só L3D4
   É só! L6C1
ecologia L6C1
ecológico L11C3
econômico L11D1
educação f -ões L11C3
eis L6C1
ela L1B1
elas L1B1
ele L1B1
elefante m L11B5
elegante L9A3
elemento L2B3
eles L1B1
eletrônica (subst.) L8C2
eletrônico L2D2

elevador L4A3
em L1A4
   em casa L2E1
   em cima L5A4
   em frente L4A5
   em geral L6C1
   em ponto L6C1
   em seguida L6C1
   no, na L1A4
   num L6A1
emagrecer L7A4
embaixo L5A4
embora L9C
empregada L4B2
emprego L6A1
empresa L8C1
empresário L4D1
encontrar L4D1
endereço L7B1
enfarte m L7A3
enfermeira L1C
engenheiro L4B2
enorme L7A1
ensolarado L5A2
ensopado L3A3
então L4A4
entender L2E1
entrada (teatro) L2D2
entrada (cardápio) L3A3
entrada (no hotel) L4A1
entre L5A4
   entre a parede e a mesa L5A4
   entre as palavras abaixo L6 D2
entregar L11E3
entrevistar L1C
enviar L8C1
época L12A1
equatorial L12A1
equipe f L6C1
errado L8A1
errar REV2R7
ervilha L3A3
escada REV2R5
escândalo L10A2
escola L1B3
escolar L6C3
escolher L1B3
esconder L8B2
escrever L1A2
escrito L10B5
escritório L3B3
escultura L7A2
escuro L4A3
esgoto L11C3
espaço L11D2
especial L3E1
especialidade f L3D1
especialmente L10C1

especificação f -ões L9C
específico L12A1
espelho L5A4
espera L3C
esperar (aguardar) L3A1
esperar (tomara que) L7A4
espeto L3A3
espinafre m L12E
esporte m L7D2
esportivo L7C1
esposa L9B2
esquecer L11A3
esquema L10A1
esquentado L12A2
esquerda (subst) L4A5
esquerdo L7E
esquiar L11A1
esquina L4A5
esquisito L7A1
estação f -ões L3A3
estacionamento L4E1
estacionar L4E1
estádio L4C2
estado L8C1
Estados Unidos L1B3
estampado L9A1
estante f L5A4
estar L2C2
   estar com L3A4
   estar escrito L2E1
estatística L5D2
este L1C
estereótipo L12A2
estimar melhoras L7A4
estômago L7A3
estrangeiro L3A3
estranho L7A1
estreito L5C1
estudante L4B2
estudar L1B2
estúdio L6C1
eu L1A2
europeu L10D1
evento L4C2
eventualmente L11C3
ex- L2B1
exagerar L9D2
examinar L4D2
exatamente L9A2
excesso L4E1
excursão f -ões L11A1
exemplo L3B2
exercício L1C
exótico L12C2
experiência L6C1
experimentar L9A2
explicar L2D1
exposição L11B1
expressão L5D2
externo L6C1

F

fábrica L6A1
faca L3E2
fácil L5A1
faculdade f L6C1
falar L1B2
faltar L4C1
família L3B3
famoso L5B2
farinha L12E
farmácia L1B3
farofa L3A3
fatia L12E
fato L12D1
favelado L6C1
favorito L12E
faxineira L6A1
faz L10B2
fazenda L6C1
fazendeiro L4D1
fazer L1C
   fazer compras L6A1
   fazer parte L10A2
febre L7A3
fechado (porta fechada) L4B6
   fechado (homem fechado) L7C1
fechar L7D1
feijão L11B2
feijoada L3B2
feio L5A3
felicidades L10C2
feliz L7B4
   feliz Ano Novo L10C2
   feliz Natal L10C2
   feliz aniversário L10C2
feminino L2B1
feriado L6C3
férias L3B5
fermento L12E
fértil L12A1
festa L6B2
   festa junina L6C3
fevereiro L6C3
fibra L9A1
ficar L4A1
   onde fica? L4A1
   azul fica bem L9A2
   fique à vontade L9A2
ficha L5A1
fila L2D2
filé m L3A3
filho L3B1
filhos L3B1
filme m L1C
filtro L11C3
fim m L7A1
   fim-de-semana L2C2
Finados L6C3
finalmente L6C1

ioga L7D1
iogurte m L12E
ir L2A1
 como vai? L2A1
 ir ao cinema L6A1
irmão L2A1
irreal L11C3
irregular L1B1
irritado L11A3
isso L6A1
isto L7A3
italiano L1B1

J

já L2A3
jacaré m L11C1
janeiro L6C3
janela L4B8
jantar (verbo) L2A2
jantar m L3A5
Japão L1B3
japonês L3B6
jardim m L5A1
jeans m L9A1
jeito L7C1
joelho L7A2
jogar L6C1
jogo L2A2
 jogo da velha REV1R2
jornada L6C1
jornal m L1A4
jornaleiro L11E3
jornalista L1A4
jovem (adj.) L8C1
jovem (subst.) L12B3
judô L6A1
julho L6C3
junho L6C3
junto L2A2
justiça L12B3

L

lá L4C2
lã L9A1
lábio L7A2
lacuna L3B1
lado L5A2
lanchonete f L3A4
lápis m L2B1
laranja (subst.) L3A2
laranja (adj.) L9E1
largo (subst.) L4C2
largo (adj.) L11D2
lata L12E
lavar L6A1
lavoura L10D2
lazanha L3A3
 lazanha gratinada L3A3
lazer m L11D1
legume m L3A3

leite m L10B1
leiteiro L11E3
lembrança L11A3
lenço L9A3
lençol m L4C1
ler L1C
leste m L11C2
letra L6E
levantar L6A1
levar L3C
 leva-e-traz L10B1
lhe L7A3
liberal L7C1
liberdade f L10A2
licença L8E
ligar L3D4
limão m -ões L3A2
limpar L4C1
limpo L4C1
lindo L7A1
língua L1D1
linguagem f L10B5
linha REV1R2
linho L9A1
liso L7A1
 liso e listrado L9A1
lista L10A2
listrado L9A1
literário L7A1
litro L11C2
living m L5A1
livrar L12A2
livre L2C2
livro L1C
 livro-texto L2E1
lixo L11C3
local L4D1
localização f -ões REV1R2
lógico L8A2
logo L6A1
loiro L7E
loja L4B4
lombo L3A3
Londres L3B3
longe L4A4
longo L7A1
loteria L9B5
louça L8B5
loucura L6C1
lousa L2E1
lugar m L1B3
luxuoso L5D2
luz f L4C1

M

macarrão m -ões L9B5
machão m -ões L12A2
maço L12E
macumba L12C1
mãe L4B2

maio L6C3
maiô L9A3
maionese f L12E
maioria L10D1
mais L2E1
 mais alto L2E1
 e o que mais? L3A3
 e tem mais L7A3
 mais ou menos L3A1
 mais uma vez L5D2
mais-que-perfeito L10B4
mal (adv.) L3A3
 mal passado L3A3
 passar mal L7A4
mal m L8A1
mala L9B1
malha L9A1
mandioca L12C1
maneira L12B2
manga L9A1
manhã L2A2
mão f -ãos L7A1
 contramão L4E1
 mão-de-obra L5D2
 mão dupla L4E1
 mão única L4E1
mapa m L4C2
mar m L4B3
maracujá m L3A2
marcado L9C
marcar L1E2
março L6C3
margarina L12E
marido L2A1
marketing m L8C1
marrom L9A1
mas L3A4
masculino L2B1
massa L3A3
mata L6C1
matar L7A4
matemática L6C1
materno L10A2
máximo L4E1
me L1A2
médico L1A4
medo L11C3
meia (subst.) L9A1
meio L2A2
 meio-dia L2A2
 meio período L8C2
melão m L3A2
melhor L8A1
melhorar L7A4
mencionar L7D2
menos L7A3
mercado L12B3
mergulho L11A1
mês m L6C3
mesa L2D2

mesmo L4B1
  faça o mesmo L4B1
  mesma coisa L6C1
  mesmo assim L10B3
  por isso mesmo L6A1
meta REV2R5
metade f L4D2
metódico L6C1
metro L7A3
metrópole f L11E1
meu L1A1
  meus parabéns L10C2
micro-informática L9B6
milho L12A1
miligrama m L11C2
mim L3A3
mineiro L12A2
mineral L12A1
minha L2A1
minúsculo L7A1
minuto L3D4
misto L3A3
mobiliado L5D1
mocidade f L10C1
moço L4E1
moda L6C1
moderno L7A1
modo L4C2
mofo L4A3
molho L3A3
momento L2A2
montanha L4D2
morador L11D1
morar L1A4
morrer L12B2
morto L6D2
mosquito L6C1
mostarda L12E
mostrar L7B1
motorista L1C
movimento L7A1
mudança L10B1
mudar L3C
mudar-se L5B1
muito L2A1
  muito prazer L2A1
mulher L2A1
multa L4E1
municipal L4A5
museu m L3B2
música L7D1
mutirão m -ões L5D2

N
nacional L3A3
nacionalidade f L1A3
nada L4B6
nadar L7C1
namorado L4B2
namoro L10B5

não L1A3
  não diga! L5B2
  não entendi L2E1
naquele L5A3
nariz m L7A1
nascer L10A2
Natal m L6C3
  feliz Natal! L10C2
navio L10A2
necessário L1E2
negação f -ões L11B5
negativo L12A2
negócio L3C
nem L4E1
  nem um pouco L5A2
nenhum L11B4
nervoso L7C
neste L5A1
ninguém L6A1
nível L9C
noite L2A2
nome L1A1
  sobrenome L1A2
nora L11B2
Nordeste m L12A1
normal L9C
noroeste m L11C2
norte m L11C2
nós L1B1
nossa! L6A1
nota L6B4
notícia L10B1
novamente L2D2
novela L6C1
novembro L4A1
novo L3B2
nuclear L11C3
numerar REV2R3
número L1E1
nunca L8B2

O
o (art.) L1A1
  o que L1B1
  o senhor L1A2
o (pron.) L6B6
objetivo REV1R2
objeto L9E2
obrigado L3A2
obrigatório L4E1
observar L1B3
obstáculo L4B8
ocasião f -ões L10C2
óculos L2B1
ocupação f -ões L8C2
ocupado L3C
odiar L12A2
oeste m L5A1
oferecer L3B4
oi! L2A1

óleo L12E
olhar L4E1
olho L7A1
ombro L7A2
onde L1A4
ônibus m L4A4
  ponto de ônibus REV1R1
ontem L5B3
opção f -ões L12D1
operário L8C2
opinião f -ões L7A1
ora L10B3
ordem (imperativo) f L4B8
ordem (e desordem) f L4C1
orelha L7A2
organizado L11A1
organizar L1C
origem f L7A1
otimista L7C1
ótimo L2A2
ou L1B3
outdoor m L11C3
outono L6C3
outro L1B2
outubro L6C3
ouvir L1D2
oval L9E2
ovo L12A1
oxigênio L11C2

P
paciência L7A4
paciente L6B1
pacote m L12E
padroeira L6C3
pagar L5A3
página L2E1
pai L10A1
país L1B3
pais L4B1
paisagem f L11A3
palavra L5A4
palavrão m -ões L11E1
paletó L9A3
palmito L3A3
pamonha L12C2
pão m -ães L7B4
  pão-duro L12A2
papel m L7C1
  papel higiênico L12E
  papel toalha L12E
papelão L11E1
par L2E1
para L1D2
  para cima L4A2
  para onde? L4B1
  para o Senhor L1D2
  viajar para L2B3
  20 para as 8 horas L2A3
para (conj.) L8A1

parabéns L10C2
parada L4E1
parágrafo L5D2
parar L4B8
parecer L5A1
parede f L5A4
parente L10A2
parmesão -ã, ãos, ãs L12E
parque m L4A4
parte f L10A2
participar L6C1
particular L6A1
partir L4B4
passado L5B3
passagem f L6B5
passaporte m L4A2
passar L4D2
    passar a receber uma pensão
    L8E
    passar 2 semanas na praia
    L4D2
    passa lá em casa! L9C
    passar mal L7A4
    passar roupa L6A1
passear L6A1
passeio L4A4
passivo L12B3
pasta L9B1
patê m L12E
paterno L10A2
patrão m f -oa, -ões, -oas
    L6A1
paulista L4D2
paz f L10B3
pé m L4A4
    pé de alface L12E
peão REV2R5
peça L6C1
pecuária L12A1
pedaço L11E1
pedir L3A3
pegar L4C2
peito L7A2
peixe m L3A3
pena L11A2
pênis m L7A2
pensão f -ões L8E
pensar L7A4
pequeno L4A3
perder L5B2
perdido L2E1
pergunta L1C
perguntar L1B2
perigoso L11C3
período L8C2
    meio período L8C2
    período integral L8C2
permitir L4B4
perna L7A1
pernil m L3A5

personagem f L12D1
perto L4A4
Peru L1B3
pesar L7A3
pescar L11A1
pescoço L7A2
pêssego L3A2
pessimista L7C1
péssimo L7A4
pessoa L3A1
pessoal (adj.) L6B5
pessoal m L6C1
pessoalmente L4B6
petróleo L12A1
piada L12A2
piano L2D2
pinga L3A2
pingue-pongue m REV2R7
pintar L11A1
pintor L6D2
pintura L7A1
pior L11C3
piorar L7A3
piquenique m L2C2
pirâmide f L5D2
piscina L4B1
placa L4E1
planetário REV1R2
plano L4D2
planta (desenho) L5C1
planta (vegetal) L11C1
plantão m -ões L8A2
platéia L2D2
plural m L2B1
pobre L6B1
poder L2A2
    pode repetir? L2E1
poema m L6E
poeta L6D2
pois não L4A5
pois não? L4A2
polícia L8B3
político L11E1
polonês L1D1
poltrona L2D2
poluição f L11C3
poluído L11C2
pontualmente REV2R2
população f -ões L12A1
popular L5D2
por L2E1
    pelo L5B2
    pelo amor de Deus! L9B1
    pelo contrário L5B2
    por acaso L11A2
    por enquanto L7A3
    por favor L2E1
    por isso L6A1
    por que? L4A4
pôr L9A3

pôr coisas na mala L9B1
pôr a calça L9A3
pôr dinheiro no banco L9B1
porque L3B4
porta L4B4
portão m -ões L5A2
porte m L8C1
português L1C1
positivo L6C1
possessivo L2B1
possível L5A1
pote m L12E
pouco L3C
pousada L11A2
praça L4A5
praia L2C2
praticar L7D2
prático L5C2
prato L3C
prazer L2A1
precisar L4A4
preço L4A2
preconceito L10D1
prédio L5A3
preencher L1C
preferência L5A1
preferir L4A2
preguiçoso L7C1
preocupado L7A3
preocupar-se L9A3
preparar L6A3
presente m L6B4
presidente L3B6
preso L12D1
pressa L3E1
pressão f -ões L8A4
presunto L12E
pretender L11A4
pretérito imperfeito L8B2
pretérito perfeito L6B1
preto L9A1
prévio L8E
primavera L6C3
primeiro (adv.) L3A5
primeiro (adj.) L7E
primo L10A1
principal L1D1
problema L4A3
Proclamação f -ões L6C3
procurar L4D1
produção f -ões L12A1
produto L11B2
professor L1A4
profissão f -ões L1A4
profissional L6D2
programa m L2B4
proibido L4E1
proibir L11B2
proletariado L9D2
proletário L9D2

promoção f -ões L8C2
pronome m L2B1
propaganda L11C3
próprio L2A3
prova L6C1
provador m L9A2
provocar L7A1
próximo L3B1
público L4A4
pudim m L3A3
pulseira L9A3
puxa! L6A1

Q

quadra L4A5
quadrado L7E
quadrado L9E2
quadro L5A4
qual L1A4
qualquer L8D1
quando L2A2
quantidade f L11C2
quanto L3A1
quarta-feira L2A2
quarteirão m -ões L4A5
quarto L4A3
quase L6C1
que L2A3
   que bom! L3A5
   que horas são? L2A3
   que nada! L7A4
   que pena L2C1
   semana que vem L11B1
quebrar L10B1
queijo L12E
queixo L7E
quem L2E1
quente L3E1
querer L3A3
quiabo L12C2
quibebe m L12C2
quilo L7A3
quinta-feira L2A2
quintal m L5A1

R

raça L12C1
rádio L8B4
ramo L8C1
rapaz L6C1
raramente L12A2
realidade f L8A3
realista L11C3
realmente L9C
recado L1D2
receber L5B2
recém L8C1
reclamar L4D2
recomendar L4A4
recordação REV2R8

recurso
redondo L9E2
reduzir L4B4
reescrever L10B5
referir-se L8A3
refrigerante m L3A3
região f -ões L5A1
regime m L7A3
regra L9C
regulamentado L4E1
regular L1B2
relacionar L1C
relatar L3B5
religião f -ões L12C1
religioso L6C3
relógio L2A3
remédio L7A3
remunerado L8E
renda L12A1
repetir L1E1
reportagem f L11D1
representar L10A1
república L6C3
requisito L8C1
reserva L4A1
reservado L2D2
   homem reservado L7C1
   mesa reservada L2D2
reservar L3D4
resfriado L7A3
resistente L11E1
resolver L5A3
respeitar L12B3
responder L1B1
resposta L6C1
ressuscitar L12D1
restaurante m L1B3
retangular L9E2
reto REV1R2
retro-projetor L5A4
reunião f L2A5
reunir L6C1
revista L7C1
rico L6B1
rio L6C1
rir L6E
rodada REV2R5
rodar L6C1
rodoviário L4A5
rolo L12E
romance m L10B5
rosa (adj.) L9E1
rosa (subst.) L10C1
rosto L7A1
rotina L6A2
roupa L6A1
roupeiro L5A2
roxo L9E1
rua L4A2

ruim L5A3
rural L6D2

S

sábado L2A2
saber L3B3
sabonete m L4C1
saco L12E
saia L9A1
saída L4A1
sair L6A1
sal L7A3
sala L2E1
   sala de aula L2E1
salada L3A3
salame m L12E
salário L4B2
salto L9A3
sanduiche m L3A4
sapateiro L11E3
sapato L9A1
saquinho L12E
sarar L7A4
sardinha L12E
satisfeito L4C1
saúde f L8A2
se (reflex.) L1A2
seca L12A1
secretária L1B1
   secretária eletrônica L2D2
seda L9A1
sede f L3A4
seguinte L5D2
seguir L4A5
segunda-feira L2A2
segundo L4A5
seguro L4B5
seio L7A2
selecionar L8C1
selva L6C1
sem L3D4
semanal L8A3
sempre L3B1
Senegal L1B3
senhor L3A2
   a senhora L1A2
   o senhor L1A2
   os senhores L1A2
sensual L7C
sentado L5A4
sentença L3B1
sentido L4E1
sentir L7D2
sentimento L11B2
separado L10A2
separar L10E
seqüência L2D2
ser L1A1
   será que? L7A3
serviço L3A3

servir L3D1
setembro L6C3
setor L6C1
seu L1A1
sexta-feira L2A2
sexual L11B5
shopping center m L1C
short m L9A3
show m L4C2
significado L9E1
significar L12A1
silêncio L4B8
sim L1A3
símbolo L12A1
similar L8C1
simpático L7C1
simples L4A2
simplicidade f L9D2
sinal L4A5
sinalizar L9C
singular L2B1
sintético L9A1
sintoma REV2R5
sinuca L6C1
situação f L3C
só L2C2
   só estou livre às 3 L2C2
   só um suco de laranja L3A4
sobrado L5A1
sobrar L6C1
sobre L4B2
sobremesa L3A3
sobrenome m L1A2
sobreviver L11C1
sobrinho L10A1
social L4D2
sociedade f L12B3
soda L3A4
sofá m L5A4
sogro L6C1
soja L12A1
sol m L5A2
solene L10C1
soletrar L2E1
solo L12A1
solteiro L10A2
solução f -ões L11C3
sonoro L11C3
sopa L3A3
sorte f L4E1
sorvete m L3A3
soutien m L9A1
sozinho L11A1
spaghetti m L3A3
   spaghetti ao sugo L3A3
subir L6C1
subjuntivo L11B1
sublinhar L8A3
substituir L10B5
subtropical L12A1

subúrbio L6A1
sucesso L10C2
suco L3A2
sucrilho L12E
Sudeste m L12A1
suficiente L10D2
sugestão REV1R2
suíte f L4A2
sujo L4C1
sul m L12A1
superior L5A1
superlativo L7B3
supermercado L6A1
suportar L12A2
surrealista L6E

T

tabela L7B1
tablete m L12E
tagliarini L3A3
   tagliarini à bolonhesa L3A3
taí L12A2
Tai-Chi-Chuan L7D2
talvez L4A4
tamanho L9A2
também L2A2
tanto L8D1
tão L7A1
tapete m L5A4
tarde f L2A2
tarefa L2E1
tatu m L12C1
táxi m L4A4
tchau L1A4
teatro L2A2
técnica L11D1
técnico L8C2
telefonar L1D2
telefone m L1D2
telefonema m L2D2
televisão f -ões L1C
tema m L8D2
temperado L12A1
tempo L2B4
tênis m L9A3
tensão f -ões L8A4
tentar L7C1
tentativa L11C1
ter L2A5
   e tem mais L7A3
   ter que L7A3
terça-feira L2A2
terceiro L4A5
terno L9A3
terraço L5A1
térreo L5A1
terrível L6A1
testa L7E
teste m L6B2
texto L1D1

tímido L7C1
tio L9D1
tipicamente L3A5
típico L8C2
tipo L10D1
tirar L8B2
título L3D4
toalha L3E2
toca-fitas m L5A4
todo L6A1
   o tempo todo L6A1
   todo trabalho é digno L8A1
tomar L2A2
   tomar banho L6C1
   tomar café L2A2
   tomar um táxi L4A4
tomara L11A2
tomate m L3A2
tornar L8A3
torta L12E
tosse m L7A3
total L8B3
trabalhador L5D2
trabalhar L1A4
trabalho L2B4
tradição f -ões L12D1
tradicional L10A2
traduzir L11B2
trajeto L4C2
tranqüilidade f L11D2
tranqüilo L4B3
trânsito L4E1
transporte m REV1R2
tratar L6C1
   tratar bem os imigrantes
   L10D1
   tratar de negócios L6C1
travesseiro L5A4
trazer L10A2
trecho L5D2
triangular L9E2
trigo L12A1
triste L7A3
trocar L4C1
tropical L3B2
   subtropical L12A1
tubo L12E
tucano REV2R6
tudo L2A1
   tudo bem L2A1
turismo L1C
turista L6C1
turístico L6C1
TV L5C2

U

ultimamente L7A3
último L1D1
um L3A3
úmido L5A2

único L5A2
uniforme m L9B1
universidade m L3B3
universitário L10C1
usar L2B3
usina L11C3
uso L10B4
utilizar L1C
utópico L11C3
uva L12A1

V

vaga L4E1
vagem f L3A3
valer L11A2
   valer a pena L11A2
vantagem f L5A3
varanda L5C1
vários L9A1
vaso L5A4
vatapá m L12C2
vegetariano (subst.) L3C
vegetariano (adj.) L3C
velho L5A3
velocidade f L4B8
venda L8C2
vendedor L5B1

vender L5D1
vento L11D2
ver L6B5
verão m -ões L6C3
verbo L1B1
verdade f L6A1
verde L9A1
verdureiro L11E3
vermelho L9A1
vertical REV1R2
vestido L9A3
vestir L9A3
vestir-se L9B4
vestuário L8C1
vez f L5D2
   às vezes L6A1
viagem f L8C1
viajante L11A3
viajar L2B3
vida L4B2
   boa-vida L11A3
vidro L12E
vinagre m L12E
vinho L3A3
   vinho branco L3A3
   vinho tinto L3A3
vir L9B2

semana que vem L11B1
virar L4A5
visita L8B3
visitar L3B6
visual L11C3
viúvo L10A2
viver L4B5
vizinho L4B2
você L1B1
vocês L1B1
voltar L6C1
vontade f L11A2
vulgar L11E1

W

WC m L5A1
windsurf m L11A1

X

xadrez m L9A1
xícara L3E2
xicrinha L3E2
xingar L12C1

Z

zelador L5A1
zona L5A1
zoológico REV1R1